Primera edición: abril 2024
Depósito legal: AL 952-2024
ISBN: 978-84-1073-233-9

——

Impresión y encuadernación:
Editorial Círculo Rojo

——

© Del texto: Santiago Vera Castillo
© Maquetación y diseño: Lemonside.com
© Fotografía de cubierta: Lemonside.com

——

Editorial Círculo Rojo
www.editorialcirculorojo.com
info@editorialcirculorojo.com
Impreso en España - Printed in Spain

——

Trabaje con un banco y viva para contarlo

¿DE Q ESTO?

No sabría cómo empezar, ya que no conozco el arte de la literatura demasiado bien, ya saben, soy de ciencias, pero de lo que si sé, es de lo que va este manual.

He pretendido con este manual, que toda persona que lo lea o consulte, comprenda un poco mejor el funcionamiento de una entidad financiera, sobre todo, a niveles de oficina, que es lo que la inmensa mayoría de la población puede necesitar. De esta forma, cualquier persona que quiera saber algo más de este tema, tendrá unos conocimientos mínimos, que van, desde el cobro de una comisión, hasta el funcionamiento de una hipoteca, sin olvidarnos de esos productos financieros de ahorro que les ofrecen cuando juntan algún euro a base de currar como locos.

Llevo más de una década trabajando en banca, en cinco entidades distintas y en varias ciudades del país, y les puedo asegurar que he visto algunos comportamientos que no me han parecido correctos por parte de algunos responsables de banca, no digo que hayan estado fuera de la legalidad, pero sí en algunos casos, carentes de ética profesional. Realmente creo que les pasa como a algunos políticos, los responsables de la banca están en su atalaya y no tienen ni idea del día a día de las personas que trabajan en sus oficias, ni del trabajo que cuesta en ocasiones, mantener el barco a flote. Esto lo saben muy bien mis compañeros y compañeras en el sector.

Resumiendo, este es un manual de supervivencia, es lo mínimo que una persona que viva en la sociedad del capital en la que estamos inmersos debe conocer. Todo lo que sea no conocerlo, les hace presas fáciles ante las fauces de algún depravado que otro, que les dio por jugar a banqueros y se les olvida que simplemente son empleados de banca.

Afortunadamente, son los menos y cada vez más va imperando el sentido común entre los empleados de banca, y lo más importante, entre los responsables del sector, aunque es cierto, que la mayoría de los excesos que se han cometido y se siguen cometiendo, son frutos de mentes iluminadas que están en sus magníficos despachos, dirimiendo si este fin de semana comen o en el club de golf, o se van a cazar a Botsuana. Eso sí, después de pasar por un "salón de juegos" a fundirse algo de pasta ganada honestamente.

Espero que disfruten leyendo estas páginas y sobre todo, que les sean de utilidad para sus futuras negociaciones con su entidad bancaria. Si es así, me daré más que por satisfecho, y si no lo es, será porque no he sabido como transmitírselo y por lo tanto, me veré obligado a castigarles en una segunda edición.

¿QUIÉ
ESCRI

Creo que es de justicia, que si han comprado o consultado este manual, sepan al menos, quien es el indocumentado que lo ha escrito, por lo menos, a nivel profesional. A continuación les hago una pequeña descripción de mi vida laboral.

Tengo 39 años, aunque aparento 40, soy Licenciado en Administración y Dirección de Empresas (ADE) y con un par de posgrados para resumir el Currículo Vitae. He trabajado en siete empresas desde el año 2001, para los de letras, sí, llevo 14 años currando de forma ininterrumpida, de las siete empresas, cinco han sido bancos, tres de ellos han quebrado y han sido rescatados, les juro que no fue mi culpa, aunque fui director en esas tres entidades quebradas. De las otras dos empresas, decirles que una es la mayor cadena de distribución nacional "ya saben cual es", y la otra, uno de los mayores grupos alimentarios de este país, y buque insignia de la Región de Murcia, a la que estoy especialmente agradecido, por haber sido mi primera oportunidad laboral.

Para hacer justicia, debería decir que estuve trabajando en prácticas en otras tres empresas mientras estudiaba, sin cobrar un duro y sacrificando tiempo, dinero y un par de veranos. Si nenes y nenas, currar sin recibir un duro, costándome las perras y jodiéndome dos veranos, a pesar de haberlo

10

aprobado todo. Creerlo, no es un caso de cuarto milenio, es simplemente la puesta en práctica de esos valores tales como el esfuerzo, el trabajo duro y el sacrificio. Lo sé, hoy no se lleva, pero antaño todavía creíamos en esas chorradas. A día de hoy, tengo claro, que es mejor, caer en gracia que ser gracioso y que lamentablemente muchas de las personas con cierta responsabilidad en el mundo empresarial y político, están inmersas en un pozo de mediocridad, del que dudo salgan algún día.

Bueno, todo esto sin contar las innumerables horas en el negocio familiar, durante casi treinta años, y otro pseudo trabajo en una Cámara de Comercio. Realmente aquello no fue un trabajo, sino una auténtica pérdida de tiempo, pero bueno, me pagaron por aburrirme como una ostra, sin duda, una de las mayores pérdidas de tiempo de mi vida laboral. Lo único que saqué en claro, fue que no podría estar en un puesto cobrando y sin hacer nada, por eso no me dedico a la política, aunque me consta que todavía hay políticos de vocación que trabajan a base de bien aunque lamentablemente no es la norma.

Ya sabéis algo más sobre mi vida laboral, como pueden ver no me he aburrido demasiado.

11

INTRODUCCIÓN

Como he dicho al inicio de este manual, esto es un manual de supervivencia y como tal, es corto, explícito y va directo al grano, es decir "cerillas para hacer fuego, pastillas para depurar el agua, y un cuchillo de palmo para poder cazar algo". Lo demás me sobra.

No se equivoquen, no pretendo con este manual demonizar a las entidades financieras, más bien, mi intención, es que el cliente final de una entidad financiera, sepa de qué va este negocio, y tenga claro cuáles son las condiciones para tratar con su oficina bancaria. Sinceramente, creo que si las dos partes tienen claro a qué atenerse, ganaran ambas, ya que todos sabrán las reglas del juego a la hora de negociar o contratar casi cualquier producto financiero de los que se puede comercializar en una entidad financiera. De esta forma, ninguna de las partes perderá tiempo en milongas innecesaria y se ceñirán a lo que toque en cada momento.

Las entidades financieras, les guste o no, forman parte de nuestro día a día, han sido y seguirán siendo imprescindibles en nuestro modelo de mercado y gracias a ellas, hemos tenido acceso a muchos bienes y servicios que de otra forma hubiese sido imposible que accediésemos. Aunque no es menos cierto, que en algunos casos, los excesos de algunas entidades y la mala gestión y la mala praxis han desembocado en auténticos fraudes, como en el caso de las preferentes, que aún siendo el más conocido, no es el único.

Solo decir, que este manual se divide en dos partes. En la primera voy a centrarme en las relaciones que tienen los clientes con las entidades financieras cuando necesitan algo de ellas, normalmente dinero. Y en una segunda parte, les comentaré cómo gestionar su dinero, en el caso de que lo tengan, ya que para la inmensa mayoría, pasar el mes ya es un logro y ahorrar una utopía. Pero no nos engañemos, personas con dinero hay, más o menos, pero haberlas las hay. Como imaginarán no estoy hablando de las grandes fortunas con cuentas en paraísos fiscales, más bien me refiero a personas que después de mucho esfuerzo han conseguido ahorrar un duro y no es plan que lo pierdan en productos inadecuados a su perfil inversor.

_01
PARA EMPEZAR: COSAS QUE HAY QUE SABER

Ahora voy a empezar a describir las cuestiones que tienen que tener en cuenta los clientes particulares de una entidad financiera. Digo lo de clientes particulares, porque en este manual, no se acomete la negociación, ni la problemática bancaria a nivel de empresas, ni a otros niveles, que comentaré, pero que no voy a entrar a exponer, ya que necesitaríamos otro manual para poder explicarlo con cierta claridad.

1.1. Estructura comercial de una entidad financiera

En este primer punto, voy a explicar muy brevemente, como es la estructura comercial de una entidad financiera a grandes rasgos. No me detendré en muchos detalles, porque la verdad, a estos niveles les importa poco y no les será de gran utilidad.

Dentro de la banca, la primera división se da entre banca de personas y banca de empresas.

BANCA DE PERSONAS

La banca de personas, a su vez la podemos subdividir en varios niveles en función de la pasta que tenga la persona en cuestión, pero más o menos quedaría tal que así:

▸ Banca de particulares 0 € a 50.000 €

▸ Banca personal 50.000 € a 300.000 €

▸ Banca privada 300.000 € a 1.000.000 €

▸ Banca Premium más de 1.000.000 €

Estos datos no están sacados de ninguna fuente oficial, son aproximadamente los tramos en los que se dividen los clientes en una entidad financiera. Como ven aquí, no reflejamos los que se lo llevan crudo y ostentan cuentas de millones de euros. A estas personas no les hace falta este manual.

En función del dinero que uno tenga, lo clasifican en uno de estos grupos y por ende le gestionan su patrimonio unos gestores, que más adelante hablaremos de ellos.

BANCA DE EMPRESAS

▸ **Banca de pymes:** gestionan los autónomos y la pequeña y mediana empresa, normalmente hasta niveles de facturación máxima de entre dos y cinco millones de euros. Es aproximado y varía en función de los criterios de cada entidad.

▸ **Banca de empresas:** gestionan empresas con niveles de facturación normalmente de entre 5 o 6 millones de euros hasta 40-60 millones, en ocasiones algo más.

▸ **Banca corporativa:** Es la banca de las grandes empresas. Empresas con facturaciones superiores a 60 millones de euros y hasta donde de la mata. Aquí englobaríamos cualquier operación financiera de la élite empresarial. Desde una empresa familiar que facture 100 millones de euros, hasta cualquiera del Ibex 35. Aunque en estos casos, no suelen ser los gestores de banca corporativa los que realizan la operación. Normalmente, es una negociación que se da entre las direcciones de ambas empresas, las del Ibex y la entidad financiera.

▸ **Banca institucional:** esta es la mejor, como dice la palabra, se encarga de las relaciones comerciales con las instituciones, es decir, Comunidades Autónomas, Corporaciones Locales, Asociaciones, Partidos Políticos, etc. Esta es la banca que lo mismo le da un préstamo a un partido político, como llegan al acuerdo de que no hace falta que se lo devuelvan, cosas así. Para hacer justicia, diré, que las entidades, no todas funcionan igual y no todas juegan a esto. Bueno, todas lo hacen, pero algunas lo hacen mejor que otras.

[Gráficamente]

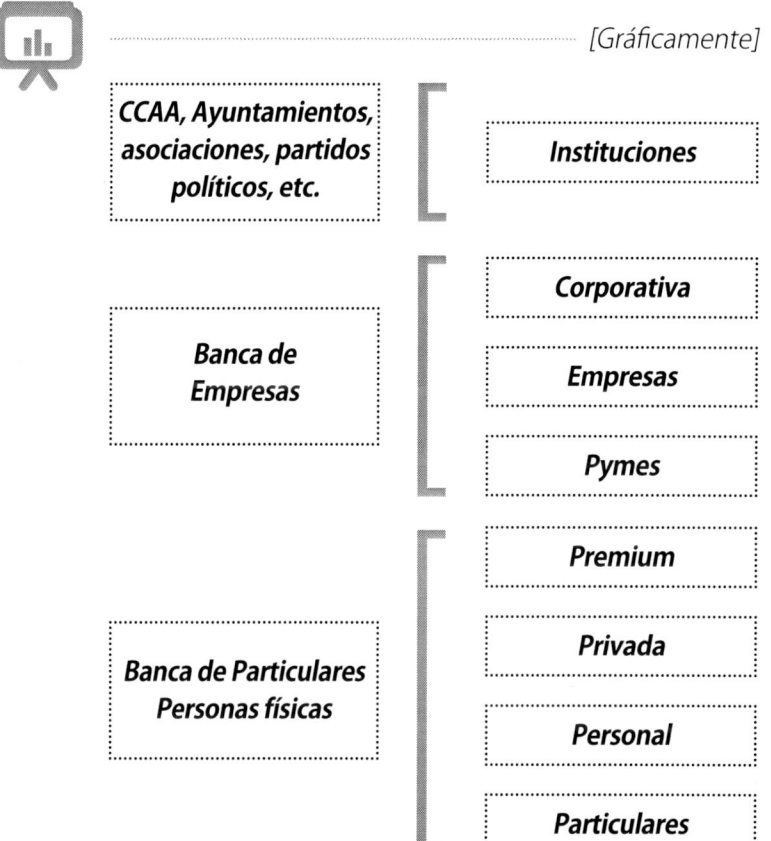

Esta primera sección del manual, está destinada a los clientes, es decir, al grueso de la población, que por suerte o desgracia necesita de los servicios y productos que pone la banca a su disposición.

Lo primero que vamos a describir, son los diferentes puestos que se pueden encontrar en el hábitat de una oficina bancaria tradicional, o como se dice en el argot bancario, oficina Universal, no porque los que están allí sean astrónomos, sino, porque hay de todo, como en el ancho universo.

1.2. Las personas dentro de una oficina bancaria

En este apartado, voy a tratar de explicar los diferentes puestos que se pueden encontrar en una oficina bancaria. Necesariamente, no tienen que estar todos. De hecho, los puestos más especializados, como los Gerentes de Banca Privada o los Gerentes de Banca Corporativa, no suelen estar físicamente en una oficina normal. Estas personas, suelen estar en oficinas destinadas exclusivamente a esta función, o bien, en departamentos creados a tal efecto. En este caso, expongo los puestos más habituales en una oficina de particulares, ya sabemos que existen otros negocios como el de empresas y otros que hemos señalado en el punto anterior, pero ninguno de ellos es objeto de análisis en este manual.

EL CAJERO/A: ESE DESCONOCIDO/A

Es la primera persona que ven cuando entran en una oficina, o al menos, la primera a la que le preguntan. Aparentemente, este puesto no tiene mucha relevancia y los clientes creen que no pintan nada en la oficina, pero no se equivoquen, un cajero puede ser su peor pesadilla, o bien, aquel que le resuelve los problemas del día a día, que normalmente, son los que tienen el gran porcentaje de los usuarios de banca.

Lo primero que deben hacer, al ver a una de estas personas, es una radiografía rápida del individuo, aunque ya les digo, que los cajeros pueden ser, o bien jóvenes, sobre los 25 años con aspiraciones de llegar a algo en ban-ca. En estos casos, se desvivirán por atenderles correctamente y siempre darán la impresión de querer agradar, tanto a clientes, como a compañeros. O bien mayores de 45 años, estos últimos, pueden ser cajeros por tres razo-nes. La primera, porque no les ha dado la gana de complicarse la vida y se han acomodado a su puesto y no quieren nada más, una postura más que respetable. La segunda, son personas a las que la entidad les ha ofrecido en varias ocasiones algún otro puesto y ellos lo han declinado, por lo que la entidad se ha visto rechazada por ellos y normalmente los tienen algo puteados. Por último, se puede dar el caso, de que hayan sido en tiempos pasados, empleados ejemplares, con puestos de dirección de oficina o sub-dirección y que en un momento de su vida laboral, se les haya cruzado un jefecillo de tres al cuarto, y en un arrebato de jefe cojonero se los ha llevado por delante y los han defenestrado al puesto de caja.

En estos casos, son personas altamente cualificadas, pero quemadas y en-cabronadas con la entidad y por ende con sus jefes. No se debe esperar que les hagan muchos favores, pero si se llegan a ganar su confianza, les pueden resolver muchos problemas, ya que en muchos casos, están más cualificados y preparados que el propio director/a de la oficina.

GESTORES DE PARTICULARES. "Los curritos"

Es el escalafón más bajo dentro de los puestos de responsabilidad, de he-cho, ni siquiera es un puesto de responsabilidad. Es un puesto al que suelen acceder los cajeros jóvenes que demuestran al menos ganas. Ni tan siquie-ra aptitudes, sólo ganas, ímpetu y poco más.

A estos empleados los llevan jodidos a diario. Son los que tienen que ven-der de todo, tarjetas, seguros, captar nóminas, domiciliar recibos etc. Bue-no, lo que toque en cada momento. Son buenos curritos, hacen lo que se les ordena sin discutir, y entre ellos suele haber cierto pique para ver quién vende más, no porque ellos quieran, sino, porque los llevan presionados diariamente y tienen que dar parte de lo que venden. Si queridos, a diario. Por lo tanto venden a toda costa lo que sea, y a quien sea.

La verdad, es que estas personas se comportan así, por la terrible presión comercial que ejercen sus superiores sobre ellos. Para que se hagan una idea, las entidades para fomentar la competitividad entre ellos, suelen publicar unos ranking sobre cómo van en las ventas con respecto a sus compañeros. Esto quiere decir, que si van de los últimos, a parte de ser los tontos de la clase, normalmente sus jefes, les someterán a escarnio público y a broncas periódicas. El trabajo deseado por cualquiera.

En cualquier caso, es un paso en el camino hacia un puesto "mejor" dentro de la oficina, por llamarlo de alguna forma simpática.

GESTORES DE BANCA PERSONAL

Este puesto, lo ocupan personas con algo más de experiencia en el banco. Normalmente son personas de entre 30-35 años. Es un puesto intermedio que más o menos quiere decir, que no eres lo suficientemente apto para una dirección de oficina, pero que estás un pasito por delante de los machacas anteriormente citados. Si con más de 35 años están en estos puestos, se pueden dar por jodidos, ya que a lo máximo que llegarán, será a una subdirección de una oficina mediocre.

Estas personas, suelen gestionar a clientes con más de 50.000 € más o menos hasta unos 300.000 € - 500.000 € como mucho, aunque estas cifras son orientativas, ya que cada entidad las fija como cree conveniente, pero más o menos, es así. A partir de esa cantidad, solemos hablar de banca privada, esto es otro cantar.

Normalmente, estas personas tienen asignadas una cartera de clientes que tienen que gestionar de forma supuestamente más personalizada. Ofrecerles productos que se adapten a "sus necesidades", a las del banco, por supuesto, y no venderles los productos genéricos que tienen que vender los gestores de banca personal.

La pura realidad, es que estos puestos venden lo que les obliga la entidad, presionados sistemáticamente por la misma, para que coloquen fondos de inversión, planes de pensiones, productos estructurados poco rentables para los clientes y con mucho margen para la entidad, aunque en muchas ocasiones, ni ellos mismos conocen la realidad de lo que están vendiendo, ya que, aunque algunos tienen un título cojonudo que se inventaron unos listillos llamado Asesor Financiero Europeo (EFA) y que las entidades en un alarde de profesionalidad, obligaron ha realizar a sus empleados, la realidad es que normalmente no tienen ni puta idea de cómo se mueven los mercados. Les suena algo, pero no conocen su funcionamiento. A ellos les pagan, y no deben hacer muchas preguntas. Así serán chicos y chicas buenas, alineados con la dirección.

GERENTES DE BANCA PRIVADA. "El Sumun del inversor"

Es el escalafón más alto de lo que denominamos banca de particulares. Normalmente, estos personajes están más o menos formados en temas fiscales, tributarios, herencias y como no, también en la administración de los activos (la pasta) de sus clientes. Normalmente, hablamos de clientes con más de un millón de euros y con cierta cultura financiera, aunque te encuentras a más catetos ricos, que ricos bien formados, aunque hay de todo.

Estos personajes, no suelen estar en oficinas convencionales, normalmente las entidades los tienen en departamentos aparte, o bien, en oficinas específicas para este tipo de clientes.

No me extenderé más, porque creo que los lectores de este manual, no tienen los problemas que genera tener más de un millón de euros. Al menos, yo no los tengo.

SUBDIRECTOR/A DE OFICINA

Este es el puesto que más valoro dentro de una oficina. Es el auténtico currante por excelencia. Tiene que llevar el peso administrativo de la oficina, que no es poco, atender a los clientes con marrones que el resto de empleados de la oficina no atienden, y que normalmente el director no quiere atender. Gestiona de todo, sabe hacer de todo. Lo mismo te cuadra las cuentas de la oficina, que está en caja, que atiende a todo kiski, se encarga del mantenimiento, de todo, cojones. Eso sí, por si esto fuese poco, siempre tiene al jefe de turno, presionándole para que aparte de todo lo que hace, saque tiempo para vender.

A lo que él suele argumentar, que no tiene tiempo material. Entonces el jefe, en un alarde de clarividencia mental le espeta, "si no tienes tiempo te lo inventas, o te vienes por la tarde". Como ven, el arte de la motivación en banca, no pasa del capítulo primero titulado "currante con miedo, currante bueno". En otro manual, hablaremos de los elementos de motivación que usan algunos de estos "jefecillos con poca calidad profesional".

DIRECTOR/A DE OFICINA. "Le hacen creer que es jefe de algo"

El puesto de dirección de una oficina bancaria es, aparentemente, el más deseado, al fin y al cabo, es el jefe de la oficina y eso mola, aunque en estos años muchos de ellos y ellas, lo cambiarán por un puesto de menos responsabilidad y que pudieran irse a las tres a su casa. Ya que es normal, que prolonguen su actividad laboral, todas o casi todas las tardes, en un fenómeno conocido como, media jornada, es decir, doce horas currando de las veinticuatro que tiene el día. Esta práctica, es ilegal por dos razones, primero, porque se está incrementando la jornada laboral de las personas que desempeñan estos puestos, vulnerando el convenio colectivo y el estatuto de los trabajadores y porque todas las horas extras, ni las paga el banco ni las cotiza a la Seguridad Social.

En este puesto, nos encontramos un poco de todo. Personas jóvenes, recién llegadas a la dirección, con veintitantos o treinta y pocos, con ganas de comerse el mundo y ser algo en banca. Otros, perros viejos que se las saben todas y llevan muchos años de dirección y no quieren ascender más, entre otras cosas, porque muchos de ellos tienen sus "ocupaciones" aparte, y el puesto de dirección les permite seguir teniéndolas y así les va bien. Y otros simplemente están en el puesto, porque no había ningún fulano dispuesto a tragarse tres horas al día de coche desde su domicilio y ellos sí. Esto quiere decir, que a veces, en los puestos de dirección, encontramos a seres mediocres, que harán lo que sean porque en su tarjeta ponga "director/a". En este último caso, también se encuentran a los que directamente les dicen, que o cogen el puesto o a la puta calle.

Debo decir, que existen personas en este puesto muy cualificadas, y que están en estos puestos por meritos propios, aunque suelen ser buenos profesionales, normalmente no son, o mejor dicho, no les dejan ser muy críticos con los designios de la divinidad bancaria, ya que si lo son, pueden tener ciertos problemas.

Cuando hablo de "ocupaciones" en los puestos de dirección, me refiero a temas como, cobrar comisiones de Notarios por firmar con ellos, siempre con Notarios de medio pelo, los buenos no necesitan de estas chapuzas. Otro negocio conocido es el cobro de comisiones encubiertas por aprobación de préstamos, cobrar de aseguradoras por derivar los seguros, cobrar de inmobiliarias por aprobarles operaciones etc. Hay que decir, que este tipo de comportamiento, se extendió en la época de bonanza y que incurrían en faltas muy graves hacia la entidad como doble banca, lucro cesante etc. Y que supondrían el despido procedente de forma casi inmediata.

He de decir, que en los tiempos de antes de la crisis, estos chanchullos los he visto con mis propios ojos y me los han ofrecido en más de una ocasión. Imbécil de mi, no accedí a ninguno de ellos, simplemente porque entendía que por hacer mi trabajo no debía cobrar ningún sobresueldo, más allá de lo que me pagaba la entidad en la que trabajaba. Lo que les digo, de tonto profundo, pero que se le va ha hacer, yo soy así.

Ahora, veo a algunos que lo hicieron, que simplemente son millonarios y a otros que siguen trabajando, mientras que a otros compañeros que hacían su trabajo honestamente, hoy desgraciadamente, están en la calle. Desde aquí les mando un saludo a todos ellos y a ellas.

Era evidente, que con estos criterios por parte de algunos responsables de banca, esto no podía acabar bien.

Como pueden imaginar, no pretendo que tengan una visión negativa del empleado de banca, entre otras cosas, porque yo soy el primer chusquero de la tierra media de la banca. Estas descripciones, no pasan de serlo a título general y por lo tanto incurren en las injusticias normales de las generalidades, pero es una forma descriptiva para que sepan más o menos lo que se pueden encontrar en una oficina, y para que vean que ser empleado de banca, no es ninguna bicoca y por eso pido perdón si a alguien que obstente estos puestos he ofendido, y por otro lado, hago un llamamiento a los clientes para que sepan por lo que en ocasiones tienen que pasar los empleados de banca.

 .... *[Gráficamente]*

ORGANIGRAMA GENERAL DE UNA OFICINA

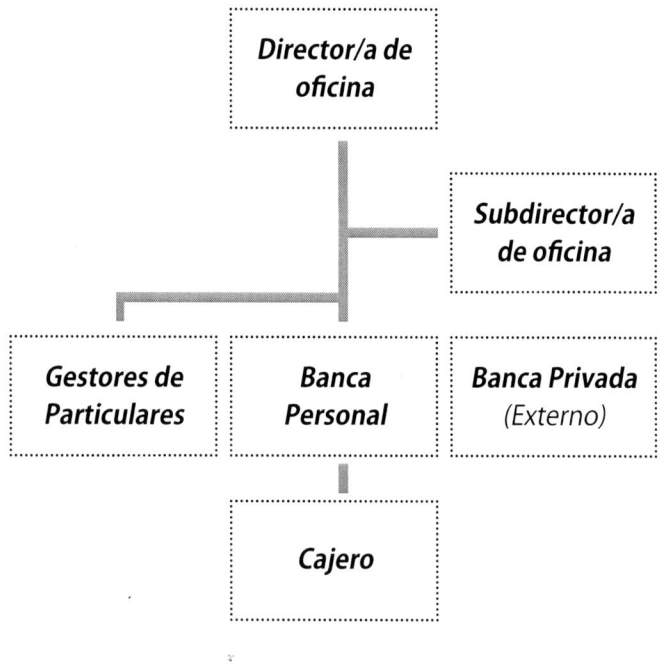

1.3. Los jefes que controlan las oficinas

Sólo comentarles a título informativo unas figuras que aunque no están directamente en las oficinas, son los responsables comerciales de las mismas, es decir, los que velan por que el resto de empleados de las oficinas hagan su trabajo. Como pueden imaginar son "figuras indispensables".

JEFES DE ZONA

Estos fulanos no están en las oficinas, pero los incluyo aquí, porque se suelen pasear por las mismas, "ayudan a las oficinas a conseguir los objetivos comerciales que ellos les han asignado". Como entenderán mis palabras están llenas de ironía, ya que estos fulanos y fulanas son lo más parecido a profesionales del sexo bien pagados, con todos mis respetos hacia los mismos y mismas.

Evidentemente estos personajes, antes de ser nombrados jefes/as de zona, eran directores de oficina que ponían a parir a sus jefes de zona, a parir, a parir, es decir, de hijos de... para arriba, hasta que un día, a veces por reducción al absurdo, otras por hincar muchas rodillas y otras por ser competentes a rabiar, se ven de jefes de zona.

Dónde antes tenían compañeros ahora tienen enemigos, los lobotomizan y se transforman en ayatolás del sí o sí, alineados totalmente con la dirección, ya no conocen a nadie, les han dado poderes y sueldo más que generoso y se han acabado las amistades. Siempre se suelen rodear de su grupito de perros de presa que les hacen de chivatos y chivatas para tener el rebaño controlado y si alguien discrepa, dan el consiguiente puñetazo en la mesa y destituyen a alguien, para escarnio del grupo.

Lo dicho, compañeros que te ayudan, no a que puedas hacer los objetivos, simplemente, ellos te recuerdan que hay que hacerlos como dicen ellos, sí o sí, que para eso te pagan y si dices que las preferentes son una mierda de producto y que tú no lo vas a vender, pues nada, te putean, te trasladan y finalmente te destituyen y si no te echan es de puro milagro.

25

DIRECTORES COMERCIALES

Los directores/as comerciales los podemos encontrar en varios niveles, el más alto de todos es el director comercial del banco, a estos compañeros, no se les ve por su trabajo, cuando menos por las oficinas.

Otro nivel, es el director comercial de la territorial o de la zona, los voy a explicar conjuntamente ya que su labor es igual de trascendente en ambos casos. Normalmente estos puestos los suele ocupar algún amiguete del director de zona o del director territorial, ya que como se dice en el sector, son puestos de confianza y eso, tienen que ser individuos/as de confianza del zona o territorial de turno.

Su función es la misma en ambos casos, son los corre ve y dile de sus jefes, ni tan siquiera son secretarios/as eficientes, tan sólo hacen lo que su jefe directo les dice que transmita al resto de compañeros. En ocasiones son buenos perros de presa, les hacen el trabajo sucio a sus jefecillos trasladando los designios de sus jefes hacia los jefes de zona o directamente hacia los directores de oficina.

Como entenderán son puestos de gran ayuda para las oficinas, ya que sin ellos sería imposible hacer el trabajo de forma eficiente. Es indispensable que uno de estos individuos les diga a los directores lo que tienen que hacer a las 8:30 y a las 14:30 en el mejor de los casos vuelvan a contactar para ver si sus "compañeros" han realizado bien su trabajo, una vez que tienen esa información se la trasladan como eficientes cachorritos a sus jefes, y estos en un alarde de motivación transversal, llaman al que no ha seguido los designios divinos encargados a primera hora y le cae la consiguiente bronca.

Esto sin olvidar la ronda de llamadas a las oficinas para ver quien va a trabajar por la tarde fuera de su horario y quien no, vulnerado así el horario establecido y no pagando las horas extras ni cotizándolas a la seguridad social, pero claro a ver quien es el gracioso que desde la Seguridad Social insta a que se realicen inspecciones de trabajo a la banca, no hay cojones, o simplemente todo se resuelve con dinero. Eso sí, al pequeño empresario, comerciante o autónomo se le instiga para ver si un empleado hace media hora de más y así meterle el rejón, al de siempre, al currante. Pero éste es otro tema que trataremos en otro manual a tal efecto.

JEFES TERRITORIALES

En la mayoría de entidades se les denomina simplemente territoriales, en otras provinciales o regionales, pero vamos a fin de cuantas son los reyes de taifas en su territorio y por ende no les tose nadie en sus reinos.

Para haceros una idea las territoriales, en función de su ubicación pueden aglutinar de 100 a 200 oficinas, hay que tener en cuenta que cada Jefe de Zona gestiona normalmente entre 20-25 oficinas y que cada territorial puede ser responsable de 5-10 zonas comerciales. Todo esto son datos aproximados, ya que cada entidad decide al respecto y como ya he comentado cada vez hay menos oficinas por lo que las territoriales están disminuyendo su tamaño.

El caso es, que estos individuos son los responsables de un número importante de personas. Ellos no suelen bajar demasiado a los niveles de oficina, salvo para ver a grandes clientes o en ocasiones para acojonar a algún director que no está alineado con el poder, aunque esta encomiable labor la suelen realizas sus acólitos, los jefes de zona.

Los territoriales son personas muy ocupadas y por eso tienen un ejército de pelotas a su alrededor que intentan hacerles la vida más fácil. Una de sus funciones es realizar reuniones con sus zonas para machacarlos a objetivos y estos a su vez que los distribuyan a sus oficinas. Eso, a parte del chorreo diario que les dan a sus zonas, pidiendo explicaciones de las desviaciones de sus oficinas.

Por decirlo gráficamente, es como si el director comercial de la entidad a primera hora de la mañana les diese instrucciones a sus territoriales, estos a su vez, en una cosa denominada multiconferencia , similar a un party line" les dijesen a sus zonas lo que hay que hacer, estos a su vez a los directores de oficina y estos a su vez al equipo de la oficina. Estos últimos son como imaginarán, los que se tragan todas las broncas posibles y finalmente acatan las órdenes por la cuenta que les trae.

Como podéis ver el trabajo de un territorial es realmente duro, pasan muchas horas currando de 7:00 am hasta 22:00 o más, según si están trabajando con alguno/a de sus "colaboradoras/es" o no. Bueno esto último es a modo de chascarrillo, no todos están golfeando, algunos trabajan de verdad, aunque por lo que les pagan, ya pueden.

Como siempre digo, estas descripciones de estos puestos son en base a mi experiencia profesional, a fin y al cabo he sufrido a siete jefes de zona y a cuatro territoriales y salvo alguna contada excepción siempre han cumplido con el patrón descrito. Aunque como les digo hay contadas excepciones y grandes profesionales que no se creen los dioses de su mediocre Olimpo.

Por encima de ellos están unos individuos que no se muy bien a que se dedican, bueno en algunos casos a fundir las arcas de entidades rescatadas, a cobrar en tarjetas que no tributan ,o que ellos lo desconocían, incurriendo en delitos fiscales o simplemente a pasearse en cochazos, cazar, y a dar préstamos incobrables a sus amiguetes, siguiendo con el tema sexual, serían los proxenetas, seguro que fiederich nietche tiene que decir algo al respecto, esta fijación no puede ser buena.

1.4. Recomendaciones para el empleado de banca

Este punto es particularmente para los empleados y empleadas de banca, sobre todo para aquellos que se aventuren a trabajar en este sector. Aunque cada vez serán menos por que como ya les comenté estamos en plena reconversión del sector y lo que sobran son personas. Hasta ahora han salido del sistema financiero unos 80.000 trabajadores y los que quedan.

En cualquier caso tanto para los que están en el sector y todavía no les han dado ninguna cornada laboral, así como para los que quieran entrar en este negocio les doy unas recomendaciones que quizás les sean de utilidad. A mí me hubiese gustado saberlas.

LOS PRIMEROS PASOS EN UNA ENTIDAD

Cuando se entra en una entidad por primera vez, todo es genial, la entidad vende sus atributos como un pavo real en fase de apareamiento, para que queden estupefactos ante tanta grandiosidad.

Esto será al principio y puede durar unas semanas si el trabajador es su primera entidad, vamos lo que se denomina un pollico. Aún así , si al tiempo no encajas te mandarán a tomar por... pues eso.

Si es un fichaje que viene de otra entidad, querrán que los resultados sean casi inmediatos, pero este es otro cantar y quien cambia de entidad ya cuenta con cierta experiencia y este tema lo debe tener más que controlado.

ASCENSOS Y CAMBIOS DE OFICINA

Lo primero que debe tener claro un empleado, de banca o de cualquier otro sector, es hasta dónde quiere llegar en la organización, que va a sacrificar por ello y por último que está dispuesto a hacer.

Si este punto lo tienen claro, mucho mejor para todos. Cuando a un individuo le ofrecen un ascenso, quizás piense que se lo ofrecen por ser la persona adecuada, de hecho, esto es lo que quiere la entidad que piense, pero no caiga en ese pensamiento. Las entidades ponen a las personas que consideran en sus puestos, no en base a que sea la mejor opción. En algunos casos simplemente es la opción menos mala o la menos complicada para recursos humanos.

Un empleado que a pasado por varios puestos y tras unos años de pasar por ellos sin pena ni gloria, un dia le ofrecen una dirección de oficina, algo que estaba esperando. La entidad lo sabe ya que normalmente ya ha realizado sus averiguaciones previas.

Este puesto se genera por varias opciones, una de ellas es que van a destituir al director/ra de la oficina, que lo van a echar, o simplemente que lo van a ascender o trasladar a otra oficina.

Un detalle es que la oficina esta así como a 80 km de la oficina en la que presta sus servicios el empleado incauto y ajeno a las motivaciones por las que a él le ofrecen el puesto.

Cuando lo llamen de recursos humanos tendrá una reunión con él o la responsable de recursos humanos de su territorial y con su jefe directo, normalmente con su jefe de zona. Ambos le venderán la oportunidad única que le están dando de prosperar en la organización, ni más ni menos que con una dirección de oficina, aunque sea a 80 km de su casa, aunque se tire 2 horas y media todos los días en el coche, aunque como es un puesto "directivo" como dicen ellos, se va a chupar entre reuniones y otros elementos, todas las tardes en la oficina o dónde la entidad le indique, es decir, su jornada laboral será de media jornada de 6:30 de la mañana a 20:30 de la tarde, 14 horillas de nada, y lo más importante, viendo a tu familia los fines de semana para que no se desgaste la relación familiar, esto si que es conciliación familiar.

Eso sí, vas a ser directivo de una entidad cojonuda, con un complementazo de sueldo de 6.000 € anuales y cheques comida en el mejor de los casos y por supuesto, debes estar agradecido por haber pensado en ti.

30

Pues no, no eres la persona indicada, seguramente o saben de tus deseos de ser director y saben que harás lo que sea por que ponga en tu tarjeta director/a de oficina, o ya eres y te quieren putear un rato, o bien eres lo suficientemente dócil para no quejarte y comerte la mierda de puesto que te están dando.

Este ejemplo se da en banca pero podría extrapolarse a cualquier organización del tipo y con cualquier puesto de medio responsabilidad.

MÁS BUENAS PRACTICAS DE LA BANCA

Una vez que el incauto ha aceptado este fenomenal puesto, pueden pasar varias cosas. Una de ellas es que al empleado después de hipotecar su vida a la entidad, le puede ir fenomenal y quizás lo saquen del agujero de oficina en el que le han metido y metan a otro incauto. Esta es la mejor de las posibilidades. Otra opción es que la oficina sea un truño como un puño, con menos oportunidades comerciales que un botijo con luces led, y que después de romperse la cabeza no haya habido manera humana de haberle sacado punta a la oficina.

En este caso, tengan en cuenta que la entidad le va a traspasar toda la responsabilidad de que aquello no haya funcionado. Después de haberle dado la oportunidad de su vida, y no la ha aprovechado. Le dirán frases como "quizás nos equivocamos contigo" o " teníamos muchas esperanzas puestas en ti, pero nos has decepcionado", no has estado a la altura y cosas así. Cuando la realidad es que mandaban a una persona a intentar resucitar a una oficina que estaba muerta y enterrada. Para que lo entiendan, si le mandan a una oficina que es la número 24 de la población, es la última oficina abierta y la población tiene 20.000 habitantes y le exigen que su oficina, que es la última en abrirse, que se abre en periodo de recesión, que no la dotan con recursos humanos, más bien los quitan y le dicen que tiene que tener 1500 clientes en seis meses, pues eso un regalito que ya saben ellos que no se va a poder poner en orden en la vida.

Los individuos que asignas las oficinas, saben de antemano si esa oficina está funcionando o no, de hecho te pueden mandar a una oficina imposible para tener la excusa perfecta y destituirte o mandarte a la calle. Hay otras fórmulas para esto último, como darte atribuciones pensando que las vas a usar de una forma inadecuada y al tiempo mandarte una auditoría para ver si la has cagado y poder despedirte.

De hecho, casualmente a los pelotas y chivatos les suelen mandar a oficinas de las que, como se suele decir, van solas y a poco que se muevan, las oficinas van estupendamente. Y al contrario, a los que no están alineados con el poder los putean y los mandan a oficinas muy complejas en las que la oportunidad de subsistir es casi imposible. Aunque siempre hay excepciones y hay compañeros con algo especial, que dónde van lo hacen estupendamente, sean oficinas buenas o malas.

Yo personalmente no conozco a ninguno, a los que les suele ir bien es porque las oficinas que gestionan tienen, al menos medios para que vayan bien.

Otro de los regalitos envenenados de la banca para cargarse a sus empleados, son las auditorías. En ocasiones a un empleado le dan atribuciones para poder aprobar operaciones y el empleado se vuelve loco, creyendo que es una oportunidad para sacar la oficina del pozo en el que está y cuando se quiere dar cuenta tiene a los auditores, que por cierto se los manda el mismo jefe que le dio las atribuciones, para directamente inspeccionar hasta el último préstamo y si encuentran algo raro, ya tienen la excusa para facturar al empleado.

Esto sólo le puede pasar a algún descerebrado ya que los que tienen cierta experiencia, saben que las atribuciones son armas de doble filo y que en ocasiones se usan para fines que nos son los de activar una oficina.

Otra perita en dulce, y se que a día de hoy se está haciendo en el sector. Es llamar al orden a un empleado, se sabe todo de la persona, cargas familiares,si está separado , si tiene a sus padres a su cargo, cuantos hijos tiene, y por supuesto si le aprietan las deudas el zapato, bueno todo de todo.

32

Con toda esta información y conociendo un poco al fulano en cuestión se le llama al orden y va a una reunión con recursos humanos. Resumiendo la entrevista podemos ir al gano, a este empleado le dicen que puede seguir en la entidad, pero cobrando menos, la cifra que le descuentan no es una barbaridad, ya que si le descuentan demasiado y no va a tener ni para pagar sus propios prestamos, estamos jodidos. Por esta razón suelen apretar un poco las clavijas pero le dejan que subsista.

Ante esta situación el empleado, que está acojonado vivo, y que le han dicho que la otra opción es irse a la cola del paro, piensa en un segundo en su pareja que gana 600 €, o que no trabaja, en sus dos hijos en edad de estudiar, en la hipoteca, en la suegra que vive con ellos, en la música y el fútbol de los niños y en mil cosas más y al final acepta, ya que se ve en la calle.

Saben muy bien cuales son las presas fáciles. A un empleado sin deudas, con saldos importantes en sus cuentas y con su pareja notario, no se lo proponen, ya que saben que les va a mandar a tomar por donde amargan los pepinos.

Esto está pasando en más de una entidad y lo malo es que el empleado acepta y se va con el rabo entre las piernas, porque sabe que si no acepta se va a la calle, que con el subsidio de desempleo no tiene ni para pagar sus deudas y que ahí fuera hace mucho frío y que si no acepta y tiene que empezar a litigiar pueden pasar varios años y no podría mantener a su familia. Como pueden ver la esclavitud está llegando también al mundo desarrollado.

No me voy a extender más en este punto, estas situaciones y otras similares se pueden ver a día de hoy no sólo en la banca, también se puede extrapolar a muchos otros sectores que ustedes tienen en la cabeza y que conocen mucho mejor que yo. Al final es el mismo perro con distinto collar.

_02
CONSIDE-RACIONES PREVIAS A LA NEGOCIA-CIÓN

En este apartado, les quiero explicar algunos aspectos básicos que deben tener claros antes de empezar a negociar con la entidad.

Lo primero que tienen que tener claro, es que un banco no es ni más ni menos que una empresa, que suministra a sus clientes unos productos y servicios financieros y que por ello cobra unos importes, en ocasiones vía comisiones, y en el caso de préstamos en cualquiera de sus modalidades vía intereses. A su vez, el banco es cliente de los Bancos Centrales Nacionales y otros organismos como el Banco Central Europeo (BCE), o la Reserva Federal de Estados Unidos (FED), que a su vez, les cobran a los bancos locales unas comisiones y unos intereses por prestarles dinero.

Existe también un mercado interbancario, que para entendernos, lo forman las entidades financieras y entre ellos realizan negocios como prestarse dinero, realizar ampliaciones de capital, venderse cédulas hipotecarias, captar recursos por otras vías o especular con sus valores en el mercado bursátil. Aunque este manual no entrará en estos temas.

2.1. Cultura básica de banca

2.1.1. Diferencias entre titulares y autorizados

Los clientes que pueden y deben negociar sus contratos con la entidad son los que aparezcan en los contratos como titulares de los mismos, ya hablemos de una cuenta corriente, de ahorro, tarjetas, depósitos de cualquier tipo o cualquier otro contrato.

Lo que quiero decir con esto, es que deben saber cuáles son las implicaciones legales y fiscales de ser titular de un contrato o autorizado del mismo. Las explico brevemente.

Los titulares de un contrato, son aquellos que pueden hacer y deshacer sobre ese contrato, es decir, pueden incluir a más titulares o autorizados, pueden cancelar el contrato, pueden solicitar una modificación del mismo, pero cuidado, los titulares de un contrato pueden ser **Solidarios / Indistintos** o **Mancomunados**, esto quiere decir:

‣ **Solidarios / Indistintos:** Normalmente se precisa la firma de uno ellos para modificar el contrato. En ocasiones nos pueden pedir las dos. Para operaciones habituales, con la firma de uno de los titulares es suficiente.

‣ **Mancomunados:** Siempre se precisa la firma de todos ellos para modificar el contrato o para hacer movimientos de capital.

Las implicaciones fiscales también son muy distintas, tanto, que los titulares de un plazo fijo tributan a partes iguales por los intereses que les remuneren, mientras que los autorizados no tienen que tributar por ellos. En el caso de un préstamo, los titulares tienen las mismas obligaciones sobre el pago del mismo. En estos casos, no existe la figura del autorizado, pero si la del avalista, que más tarde explicaré.

Ojo, por último decirles, que si son varios titulares en una cuenta y un día todos quieren quitar a otro, tendrían que firmar todos, incluido al que quieren quitar de la cuenta, así que, mucho cuidado con a quienes ponen de titulares en sus cuentas.

El otro ojo, si son dos titulares mancomunados y quieren quitar a un autorizado, también tendrán que firmar los dos, distinto es si son solidarios, en ese caso con la firma de uno de ellos, debería bastar para eliminar al autorizado, aunque como les he dicho antes, les pueden pedir las dos firmas, ya que puede ser que un titular quiera quitarlo y el otro no.

Los autorizados de un contrato, son aquellos a los que los titulares autorizan a realizar ciertas operaciones, tales como, sacar dinero de la cuenta, hacer una transferencia, solicitar extractos, etc. La verdad, es que hoy día tanto si se es autorizado como si no, teniendo las claves de internet pueden hacer casi de todo, sin ni siquiera estar en la cuenta. Esto se suele dar con relaciones familiares y poco más.

Lo que no pueden hacer los autorizados es cancelar el contrato, introducir a un nuevo titular o autorizado, retirar tarjetas a nombre de otra persona, aunque ésta esté en la cuenta de titular, ni solicitar certificados a nombres de los titulares, mejor dicho, los podrían solicitar pero no se les deben facilitar. En resumen, lo que no puede hacer un autorizado es realizar modificaciones en los contratos o cancelarlos.

Así que señores y señoras autorizados y autorizadas, no se molesten cuando quieran hacer una gestión en nombre de los titulares por qué no se las deben dejar hacer y además con buen criterio, aunque digan que "si la cuenta es mía pero estoy de autorizado por que... lo que sea", no son TITULARES y no pueden hacer según qué cosas.

2.1.2. Cuentas de menores

Estas cuentas, son aquellas que tienen de titulares a menores, pero que sus representantes legales son los que pueden operar con ellas. Normalmente, estamos hablando de cuentas de ahorro, en las que, por ejemplo, está el tutor legal del menor (padres, madres o tutores) como representante del mismo y el menor como titular. Los menores, no pueden operar con cuentas si tienen menos de 16 años y a partir de los 16 podrán, si están emancipados legalmente, de no ser así, hasta la mayoría de edad no pueden disponer del dinero de esas cuentas.

Atención padres, madres o tutores legales, les aconsejo que cancelen estas cuentas antes de que los retoños cumplan los 18 y pasen el dinero a sus cuentas, ya que no sería el primer caso, que los nenes se ven con un dinero en la cuenta y se montan una fiesta de cojones. Si tienen plena confianza en sus vástagos, no es necesario, pero si tienen alguna duda, o simplemente es un dinero para una finalidad en concreto, hagan lo que les he dicho, pasen el dinero a una cuenta personal y vayan usándolo conforme a sus hijos les vaya haciendo falta.

_03
EMPIEZA LA NEGOCIA-CIÓN: COMI-SIONES

Creo que ha quedado claro, más o menos, quienes son los intervinientes del sistema financiero español, en sus niveles básicos, que son los que nos ocupan. Conocemos los niveles de banca que pueden encontrar y los actores en cada uno de esos niveles.

Ahora debería empezar a comentar las miserias del día a día, que son las que les pueden interesar.

Antes de empezar, debo decir una cosa tan cruel como cierta. Para negociar con una entidad financiera hay que tener algo para negociar, es decir, o tienen algo que ofrecer o les deben muchos millones de euros. Como decía un cliente:

Si le debes 100.000 € a un banco de tu hipoteca, el banco te tiene cogido por los huevos, pero si les debes 300 millones de euros, eres tú el que los tienes cogidos a ellos.

Esta es una expresión literal que un cliente me dijo en Madrid cuando empezaba en este negocio como gestor de pymes.

Está claro, que si no tienen trabajo, no pueden generar un euro, no tienen ingresos, ni recibos, ni ningún tipo de negocio que puedan ofrecerles, están jodidos, porque siempre va a ganar la banca. Salvo que Podemos llegue al poder, en ese caso, nacionalizará a esos bancos y todos viviremos en el mundo de *nunca jamás*, sin bancos, sin guerras sin hambre y alabando todos una imagen de San Pablo Iglesias. Si por otro lado, tienen algo que ofrecer, lo que deben hacer es negociar las mejores condiciones posibles.

3.1. Comisiones

Antes de empezar a exponer las comisiones más habituales, quiero hacerles una apreciación sobre las mismas. Existen básicamente dos tipos de comisiones. Las primeras, serían las que están incluidas en los contratos de los productos financieros que consumen habitualmente, tales como, cuentas de ahorro, tarjetas, hipotecas etc. Y las segundas, son las llamadas comisiones por servicio, que como bien indica su nombre, son aquellas que se las cobran al prestarles un servicio financiero como pueden ser, hacer transferencias, devolver un recibo, cobrar un cheque, entre otras muchas.

Decirles, que en todas las entidades financieras, están expuestas estas comisiones en un tablón en la oficina, y en este, pone el tipo de comisión, el porcentaje que se cobra y el mínimo a cobrar.

[Ejemplo]

‣ **Ingreso de Cheques**

0,35% del importe del cheque con un mínimo de **2,50 €**

‣ **Transferencia Nacional**

0,5% del importe de la transferencia con un mínimo de **3,00 €**

Si no localizan el papel en el tablón de las comisiones, o simplemente está tan pequeño el texto que no lo distinguen, se lo preguntan a cualquier empleado de la sucursal. Puede ser que no las sepan de memoria, pero si sabrán dónde está el tablón con las mismas, o en cualquier caso, dónde buscar para poder informarle.

Una vez hecha esta distinción, voy a pasar a exponer las comisiones más habituales que se van a encontrar en su operatoria diaria en la entidad.

3.1.1. ¡¡Comisión a la vista!!

Quiero dejar claro una cosa, antes de empezar con este apartado de las comisiones. Los empleados de banca no disfrutan cobrando comisiones a los clientes. De hecho, en la mayoría de los casos, sería mucho más sencillo no cobrarlas, así, se ahorrarían las explicaciones del porque de las mismas y tener que explicar las posibles fórmulas para poder devolverlas, que no es lo mismo, que no cobrarlas. Pero la realidad, es que existen y lo que se debe hacer por parte del empleado de banca es dejarlas bien claras desde el primer momento y que el cliente también asuma que si dejan de cumplir las condiciones pactadas, se las cobrarán. De esta forma, todos saben a qué atenerse.

COMISIONES DE ADMINISTRACIÓN Y DE MANTENIMIENTO DE CUENTA

Normalmente, todos los clientes se acuerdan de las comisiones cuando se las cobran, el resto del año parece que no llueve y no se enteran del tema.

Pues bien señores clientes, las comisiones de este tipo en concreto, se suelen cobrar trimestral o semestralmente. Se cobran por tener ustedes una cuenta corriente y por tener un tipo de movimientos en ellas, que suelen ser los recibos de financieras, por ejemplo.

Habitualmente, existen unos requisitos, que si se cumplen, se las pueden quitar. Este tipo de requisitos suelen ser, tener la nómina, pensión o recibo del autónomo domiciliado, 2 o 3 recibos básicos pagaderos al menos bimensualmente, y usar la tarjeta de débito o crédito un número determinado de veces.

Estas comisiones, son legales y conocidas por el Banco de España, así que más allá del pataleo lo que tienen que hacer es intentar cumplir las condiciones que les dicen para que se las puedan quitar, y si no pueden evitarlo, cerrar la cuenta y abrir otra en una entidad en las que las comisiones sean las mínimas.

Quede por sentado, que en banca, todas las promesas que no están por escrito, no tienen porque cumplirse, además antes de que se dé usted cuenta han cambiado de forma unilateral y usted se entera cuando le cobran la comisión oportuna. He de decir, que los empleados de banca, en muchas ocasiones se enteran a la vez que los clientes de estas modificaciones y luego hay que correr y preguntar al departamento oportuno por la nueva comisión, ya que ni a ellos les han informado previamente, y si lo han hecho, ha sido mediante un escueto comunicado que en ocasiones pasa inadvertido.

COMISIÓN POR HACER INGRESOS POR VENTANILLA

Esta comisión, es de las últimas que se han inventado. La comisión se cobra a no clientes, que quieren realizar un ingreso por ventanilla a un cliente de la entidad de turno. Suelen ser importes de entre 1,5 € y 3,00 €, esta comisión, es una comisión disuasoria, es decir, a la entidad no le interesa tener cola en caja, de personas que no son clientes, haciéndoles perder el tiempo a sus empleados, ya que éstos, tienen que vender y producir, y estos no clientes, no aportan rentabilidad a la entidad. Por ello, les cobran esta comisión, que aparte de ganar un dinerillo con estos no clientes, les emplazan a que realicen este tipo de ingresos bien por el cajero automático, siempre que se pueda o bien realizando una transferencia.

Tenemos que tener en cuenta que la banca de hace 20 años no se parece a la actual y que dentro de otros 20 tampoco se parecerá a la que hoy tenemos. El objetivo, es lograr que los clientes realicen su operatoria diaria por internet, pagos de recibos, transferencias, traspasos, consultas de movimientos de cuentas y tarjetas, así como consultas sobre sus préstamos. Bueno, en general, todas las operaciones cotidianas. De esta forma, desaparecerán la mayoría de oficinas y por ende los trabajadores y trabajadoras, quedarán algunas oficinas para las operaciones importantes que son las que dejan pasta a la entidad, para todo lo demás Mastercard.

44

PAGO DE RECIBOS POR VENTANILLA. COMISIÓN POR DEVOLVER RECIBOS

La mayoría de los bancos, ponen un horario para poder pagar los recibos por caja. Además, el horario es cojonudo, ya que suele coincidir con la jornada laboral de los españolitos que aún trabajan. Bueno, mi consejo, es que por su comodidad los domicilie, ya que los tiene que pagar igual y es mucho más cómodo. Además, tienen cerca de sesenta días para devolverlos, si por algún motivo no se ajustan a lo que creen que tienen que pagar. También se pueden pagar en algunos cajeros automáticos, que tienen un lector de código de barras que permiten pagarlos, aunque no todos los cajeros disponen de esta función.

Ya sé que las cosas están muy jodidas y la gente va a devolver recibos de suministros (LUZ, AGUA, TELÉFONO...) con la excusa de que se han equivocado, pero la triste realidad, es que los devuelven porque esa semana ya no tienen ni para comer y con la devolución y posterior reintegro de la pasta, esa semana igual se meten algo en el estómago y como saben que la compañía de turno suele dejar un margen para pagarlos, pues lo hacen a la semana o a las dos cuando buenamente pueden.

Intenten que no les cobren por devolver un recibo. Para evitar que les cobren en algunas entidades hay una casilla interna en la que se puede poner el motivo de la devolución. Normalmente si se pone que la causa, es por estar duplicado o por que el importe no coincide con la factura, no deberían cobrarles nada. Aunque este es un recurso que terminará por agotarse y cuando devuelvan un recibo en la oficina, se cobrará sin más remedio, salvo que lo hagan por Internet.

COMISIÓN POR CANCELAR UNA CUENTA

Esta es una de las comisiones, que normalmente el cliente menos entiende que se le cobren y que más disgusta en general. Esto es así, porque confluyen varios elementos a la hora de cancelar la cuenta.

Normalmente, un cliente cancela una cuenta, o por no estar muy satisfecho con la entidad, o bien, por qué ha terminado la causa por la que se abrió la cuenta, por ejemplo, una cuenta para un negocio, para unas domiciliaciones, para un préstamo que se pidió y ya se ha pagado etc.

Cuando se cierra la cuenta, por no estar muy contento con la entidad y luego encima le dicen que le cobran por cancelarla, esto para el cliente es el colmo de la desfachatez bancaria, aunque tiene cierta lógica que ahora paso a comentar.

Como ya saben, las cuentas tienen una comisión de mantenimiento y administración que se cobran al final del periodo, es decir, si es una comisión semestral, pues el periodo de enero a junio, se cobra el 1 de julio. Si esto es así, y mantienen una cuenta abierta de enero a mayo y la quieren cancelar, les cobraran la parte proporcional hasta mayo. No es que exista una comisión de cancelación propiamente dicha, simplemente, es la de mantenimiento que se prorratea y se paga la parte proporcional.

Si la relación con el cliente ha sido satisfactoria por ambas partes y normalmente no se le cobra el mantenimiento, lo normal, es que se liquide la cuenta y se pueda abonar la comisión, o simplemente no se cobre.

Lo que no debe hacer, es plantear cerrar la cuenta como amenaza por parte del cliente, ya que si es así, lo normal, es que le cobren la comisión si quiere cancelarla.

Al final, esto no se trata de buenos y malos. Simplemente si la relación comercial entre cliente y entidad ha terminado, lo mejor es terminar bien, sin malos rollos ni para el empleado de banca ni para el cliente.

[Consejo]

Antes de cancelar una cuenta, hagan un reintegro de todo el dinero que tengan y al día siguiente la cancelan, si les dicen que tienen que abonar X € para liquidarla, les dicen que no, y que cuando ellos consideren que la cancelen.

COMISIÓN POR REALIZAR TRANSFERENCIAS

Bien señores y señoras clientes, en este apartado lo primero que tienen que tener claro, es la diferencia entre transferencia y traspaso.

La transferencia, es pasar dinero de una cuenta a otra cuenta de otra entidad, es decir, transferir dinero de nuestra cuenta del Banco Jones por ejemplo a otra cuenta, bien sea nuestra o de otra persona del Banco Milhojas.

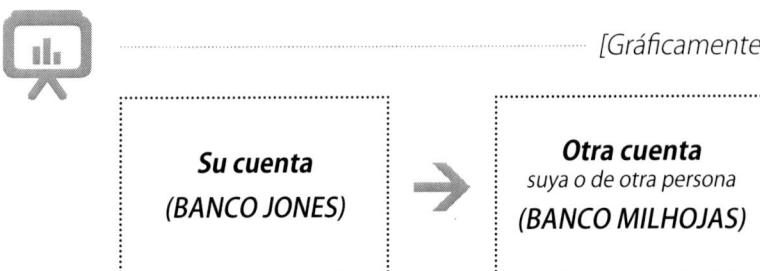

[Gráficamente]

Por esta operación les van a cobrar un mínimo que rondará entre los 3 € - 5 €, depende de la entidad y normalmente un máximo de 60 € - 80 € más o menos. A partir del mínimo, les suelen cobrar un 3 o 4 por mil, es decir cada 1000 € trasferidos 3 € de comisión.

Si quieren evitar la comisión, o minorarla, lo que tienen que hacer es realizarla por internet, es segura, cómoda y la entidad normalmente les pondrá unas mejores condiciones, más o menos la mitad de lo que les costaría y en ocasiones, pueden tener un número de trasferencias al mes gratuitas si domicilian la nómina, los recibos, etc.

El traspaso, se puede dar entre cuentas de la misma entidad y del mismo titular, en este caso, no les deben cobrar nada. Si es entre cuentas de la misma entidad pero de titulares distintos pueden o no cobrarles ,lo normal, sería que tampoco les cobrasen, ya que para el banco no existe coste operacional.

En cualquier caso, véanlo de la siguiente forma. Si por mandar de Murcia a Burgos 10.000 €, les cobran 30 €, no es tanto, imagínense tener que llevarlo, 1600 km y 16 horas de coche, si lo piensan, es realmente barato.

Otra cosa importante con el tema de las transferencias, es el tiempo que tarda en llegar el dinero de una a otra cuenta. Bien, si hablamos de transferencias de índole nacional, suelen tardar entre 1 o 2 días máximo. Se lo digo, porque en ocasiones, alguien les hace una transferencia y pasados 3 días les dice que es imposible que no la hayan recibido. Pues es posible, sobre todo, si no la ha hecho. Lo que tienen que decirle a estos individuos, es que cuando realicen la transferencia, que les manden el justificante de la misma, así sabrán si la han hecho o no. Aunque esto nos garantiza que la hayan hecho, del mismo modo la pueden anular en el mismo día, este caso es rizar el rizo, pero deben saber que lo pueden hacer.

Lo que tiene que hacer, es ver que el dinero está efectivamente en su cuenta, y ya está. Hasta que no lo vean abonado, para ustedes no está hecha, así se evitarán malos entendidos y confusiones.

Por último, comentarles que cuando necesiten hacer una transferencia para que llegue el mismo día, se puede hacer, son las transferencias urgentes o vía Banco de España. Estas transferencias, tardan 1 o 2 horas en llegar a su destino, son más caras, pero para una urgencia, les sacan del aprieto aunque tengan que pagar algo más.

También tienen las transferencias internacionales, si son dentro de la Unión Europea (Zona Euro) normalmente en 48-72 h están en sus destinos, si son a países como China, India, Brasil, pueden tardar algo más, dependerá si el banco de origen tiene algún convenio de colaboración con el banco de destino o no.

COMISIÓN POR PAGAR TARDE UN PRÉSTAMO

Esta comisión, se suele cobrar cuando un préstamo que debía pagarse el día 1, por el motivo que sea, se paga el día dos o el tres, hay que decir que algunas entidades en un ejercicio de inmensa bondad les dan dos o tres días de margen y no les cobran la comisión, sólo cobran los intereses de demora. Esta comisión puede rondar entre los 20 y 40 euros.

Aunque no se hayan dado cuenta, en la escritura de su préstamo, bien sea hipotecario o personal, dice bien claro cuando hay que pagar, y las comisiones y recargos que existen por no pagar a tiempo. Esta comisión, como todas, es reclamable, aunque en estos casos no se suele abonar, sólo de forma excepcional y solicitándolo a un departamento superior.

Está claro, que nadie quiere pagar tarde un préstamo, pero en ocasiones, se dan casos por descuido del cliente y genera esta comisión. Esta situación suele darse, si el último día de pago sin que les genere comisión cae e fin de semana. En estos casos, el día hábil siguiente que suele ser lunes, tenemos un número importante de clientes que van ha pagar el préstamo y se ven con el recargo de la comisión. Lo que genera más de una discusión que normalmente no llevan a nada, sólo al cabreo final de ambas partes.

.... *[Ejemplo]*

Si el último día de pago sin comisión es el día 4 del mes y cae en domingo, cuando vayan a pagar el día 5 lunes ya habrá generado la comisión. Por lo tanto, hay que dejar ingresado y pagado el préstamo el viernes 2.

Tienen que tener en cuenta, que el cobro de los préstamos y de las comisiones es un proceso automático que está fuera del alcance del empleado de banca, por lo que, es el cliente, el que tiene que procurar que el dinero esté en la cuenta el día de antes al cobro de esa comisión y que se quede pagado. Tengan en cuenta, que si se ingresa el último día hay que decirle al banco que hagan el cargo del préstamo de forma manual, ya que, de no ser así, puede ocurrir que si el préstamo se carga a las 24:01 h. ya pasa a ser el día siguiente y por lo tanto a cobrarles esa comisión.

49

COMISIÓN POR EMISIÓN DE CERTIFICADOS

Los certificados que pueden solicitar a una entidad financiera son de diversa índole, pero los más usuales son:

▸ Certificado de titularidad de cuenta.
▸ Certificado de deuda pendiente de un préstamo.
▸ Certificado de saldo de una cuenta a una fecha o de saldo medio de un periodo.
▸ Certificado de cancelación de préstamo, normalmente hipotecario.
▸ Certificado de buenas relaciones.
▸ Certificado de percepción de pensiones.

Estos certificados, son para presentar ante un tercero, bien para realizar la cancelación notarial de un préstamo hipotecario, o bien para solicitar algún tipo de ayuda económica, bueno, según el certificado, tendrá una u otra función. Estos certificados, se caracterizan por ir firmados por un apoderado de la entidad, bien sea el Director/a o el Subdirector/a, que es lo que realmente les da validez.

Hace unos años, no se cobraban, pero ahora sí. De todas formas hay posibilidades de minorar su cuantía o que no se la cobren, siempre negociando con la entidad.

Existen otras formas para no pagarlas, normalmente en algunos casos, basta con presentar a quien se lo pida, un documento de la entidad (extracto dónde aparezcan los titulares, extracto de un préstamo donde les diga el capital pendiente etc.) que simplemente con imprimirlo y ponerle un sello de la entidad, les puede servir igualmente y no tienen que incurrir en el gasto. La diferencia, es que en el documento, no pone certificado y que no va firmado por ningún apoderado de la entidad.

Esto de la firma, es un sinsentido, ya que, salvo que sea algún organismo oficial que tenga bastanteados los poderes del empleado, es decir, que tenga copia del poder del empleado del banco, quien solicita el certificado al cliente no tiene ni pajolera idea de si quien firma es apoderado/a o Antoñita la fantástica. Es por este motivo, por el que hay que distinguir entre un certificado o un justificante del banco, que diga por ejemplo, si usted es titular de una cuenta.

Siempre le puede decir a quien le pida el certificado, lo que le cobran por él, y si ellos se lo van a pagar o no, a veces, son la leche, sobre todo, si estamos hablando de certificados de saldos que se usan para solicitar alguna ayuda familiar o similar. En estos casos, deberían estar exentos de comisiones por parte de la entidad, o bien, que quien se los solicite para gestionar la ayuda, en vez de pedir un certificado, les debería valer con un extracto de varios meses en el que se vea claramente, que la persona que solicita esa ayuda no es un Bárcenas o un Rato con pasta por castigo, o bien, un asesor político que cobre de países como Venezuela una pastón y encima se le olvide declararlo.

En cualquier caso, es legítimo que una entidad cobre estos certificados, pero también lo es, intentar negociar su importe parcial o total, o incluso pedir que les den la otra opción, la del papelito sellado.

COMISIÓN POR SOLICITUD DE EXTRACTOS

En algunas ocasiones, pueden necesitar un extracto de su cuenta de un año o dos años atrás, en estos casos, la entidad les puede decir que les piden el extracto pero que tiene un coste.

Si son un poco previsores, pueden tener el extracto reflejado en las cartillas. Si las tienen, deberían guardarlas al menos durante 2 o 3 años para evitar esta situación

Otra forma, es consultándolo por Internet, normalmente pueden realizar consultas de varios meses y así quizás ahorrarse parte de la comisión. Por último y como siempre, negocien al menos pagar parte de la misma y no la totalidad, en ocasiones, se empeñan en no pagar nada y puede ser que entre los extractos que tengan y pagando una parte de la comisión, puedan resolver la situación y salir todos victoriosos. Ustedes tienen sus extractos pagando una parte y la entidad cobra algo por darles el servicio.

COMISIÓN POR SACAR DINERO EN UN CAJERO DE OTRA ENTIDAD

Lo primero que les voy a dejar claro, es que en España existen fundamentalmente tres redes de cajeros, Red 6000, 4B y Servired. Estas son las tres empresas que se reparten el negocio de los cajeros automáticos en nuestro país. A partir de ahora, cuando vean un cajero, miren lo que pone en la banderola de arriba y comprobarán que siempre es alguno de ellos.

No vamos a entrar en el funcionamiento, ni en el negocio de los cajeros. Lo único que tienen que tener en cuenta son estos puntos:

▸ Siempre que puedan, saquen dinero del cajero de su entidad.

▸ Si no hay, al menos, de la red de cajeros de su entidad, por ejemplo (Servired), la comisión será menor que de otra red de cajeros.

Normalmente, las entidades, suelen decirles que con su tarjeta se pueden hacer operaciones limitadas (3-6 al mes) en cajeros de su red, aunque no sean de esa entidad, sin coste. Esto es cierto, pero cuando les dicen que pueden hacer 6 operaciones, son eso, operaciones.

.... *[Ejemplo]*

Si sacan dinero en una entidad que no es la suya, pero si es de la red de cajeros de su entidad, tienen 6 operaciones sin coste, pero miren esto:

▸ **Saco dinero:** una operación
▸ **Consulto el saldo:** segunda operación
▸ **Pido un recibo:** tercera operación

Han visto, sacando una vez dinero, se han pulido tres operaciones, ya solo les quedan otras tres. Si hacen la misma operación, ya se han pulido las 6 operaciones y a la tercera les sale el mensajito de que "Esta operación tiene una comisión de XX € ¿Desea realizarla? SI / NO" y entonces es cuando se cagan en los muertos de quien les dijo que podían sacar dinero 6 veces sin coste. Pueden realizar 6 operaciones, que no es lo mismo. Así que, ojo avizor, cuando saquen dinero, no les digan que quieren conocer el saldo ni que quieren recibo, sáquenlo y punto.

....

COMISIÓN POR INGRESAR O COBRAR UN CHEQUE

Antes de comentarles las posibles comisiones de los cheques, les voy a explicar algo muy sencillo que deben saber. Los cheques pueden ser **nominativos**, es decir, poniendo el nombre de quien va a cobrar el cheque. En este caso sólo lo puede cobrar la persona que figura en el cheque, o ingresarlo en una cuenta en la que esté figure. O **al portador**, en este caso, lo puede cobrar en efectivo o ingresar en una cuenta la persona que tenga el cheque en su poder.

Ojo, si el cheque está barrado, es decir, con dos barras transversales //, únicamente se podrá ingresar en cuenta, no se puede cobrar en efectivo.

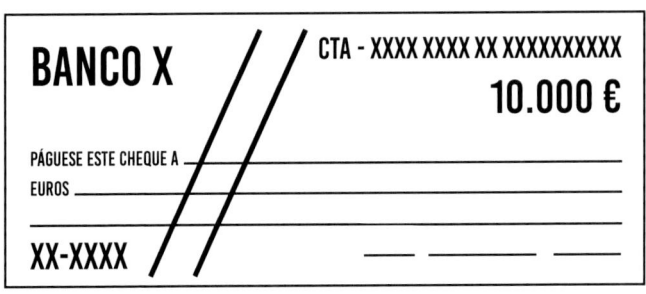

Hago estas salvedades, porque he visto en muchas ocasiones, como una persona, quiere ingresar un cheque que está a su nombre, en una cuenta en la que no figura, esto no es posible, lo que debe hacer es identificarse y cobrarlo en efectivo por caja, o en su defecto, ingresarlo en una cuenta en la que esté la persona que figura en el cheque. Si ninguna de estas opciones le es válida, tendrá que ir a quien le ha dado el cheque y cambiárselo por uno que esté a su nombre. De esta forma, lo podrá cobrar en efectivo o bien ingresar en una cuenta en la que están de titulares.

Otra cuestión que deben conocer, es que los cheques que se quieren cobrar por caja, deben cobrarlos en la entidad que figure en el cheque, esto que parece de sentido común, en ocasiones hay personas que no lo tienen claro.

No ocurre esto, si lo quieren ingresar en cuenta, en este caso el cheque puede ser de cualquier entidad nacional o extranjera, ya que existe esa posibilidad.

Deben saber, que los cheques que se ingresan en cuenta, el importe del mismo, no lo pueden hacer efectivo hasta dos días después de ingresarlo, ya que, la entidad dónde lo ingresan, tiene ese tiempo para comprobar que efectivamente el cheque tiene fondos y que por lo tanto puede disponer de su dinero. A esto se le denomina "días de valoración", de no tener fondos, les harán a los dos días un cargo, por el mismo importe del cheque que ingresaron. Así que, no se enfaden si ingresan un cheque y pretenden disponer en el acto del dinero, ya que normalmente no es posible.

El ingreso de cheques lo podemos dividir en dos tipos:

1. Ingreso de cheques en cuenta. Cuando el cheque va barrado.
2. Cobrar un cheque por ventanilla.

En el primer caso, ingreso de cheques en una cuenta, existe una comisión a tal efecto, no es muy grande y suele ser un porcentaje con un mínimo, por ejemplo un 3 por mil (0.003%) con un mínimo de 3 €. Si el porcentaje aplicado al importe del cheque es de 2 €, les cobrarán el mínimo que son los 3 €.

En cualquier caso, se puede negociar con la entidad, que se puedan ingresar un número de cheques al mes, reduciendo la comisión o incluso eliminándola. En algunas entidades, si el cheque se ingresa en cuenta y lo ingresa como nómina, es posible que no les cobren, o bien les cobren el mínimo.

[Ejemplo]

Van a cobrar un cheque de 2000 € y lo quieren ingresar en su cuenta siendo la comisión del 3 por 1000, es decir, 0.003% con un mínimo de 3 €.

‣ Comisión del 0,003% (3 por mil) → 2.000 = 6 euros, como es más que el mínimo, les cobran los 6 €.

Si el cheque fuera de 500 € entonces.

‣ Comisión del 0,003% → 500 = 1,5 €, les cobrarían los 3 €, ya que aplicando el %, éste es menor que el mínimo.

En el caso de querer cobrar el cheque por ventanilla. Normalmente esta situación, se da cuando no son clientes y van a la entidad de donde es el cheque a cobrarlo en efectivo. En este caso, siempre les van a cobrar la comisión, de hecho, les dirán que si no quieren que les cobren que se abran una cuenta y que lo ingresen en ella, de esta forma no le cobran, al menos eso les dirán.

Existe la posibilidad de que quién les haya dado el cheque haya negociado que por pagar sus cheques no les cobren. Lo que tienen que preguntar, al menos, es cuál es la comisión por ingresarlo y se lo tienen que decir, si no les interesa, vayan a su entidad e ingrésenlo en su cuenta, seguramente les saldrá más barato.

Para terminar con este tema de los cheques, simplemente recordarles, que si van a cobrar un cheque nominativo, tanto para ingresarlo como para cobrarlo por ventanilla, deben identificarse, de no hacerlo, no se lo pagarán. Si son clientes de la entidad y lo ingresan en su cuenta, no sería necesario identificarse, ya que su DNI, estará ya escaneado y en la base de datos del banco, o al menos debería de estarlo.

COMISIÓN BANCA ON LINE

Esta comisión, se la cobran simplemente por hacerles el contrato de banca por internet. A día de hoy, las suelen abonar sin problemas, ya que lo que quieren las entidades, es que usen cada vez más la red para la operativa diaria y que no vayan a las oficinas. De esta forma, y cuando se acostumbren a esta forma de operar, simplemente seguirán cerrando oficinas y echando a los empleados, es un tema generacional, pero ya les digo que en 20 años en este país no quedarán ni la mitad de oficinas bancarias que existen hoy después de la última reestructuración que estamos viviendo.

Por este motivo, abonan estas comisiones. No es normal que les animen a usar Internet y luego que les metan el rejón, pero tranquilos, está todo estudiado. El banco carga la comisión para que su mente sepa que ese servicio se cobra y dentro de unos años les cargarán la comisión y les dirán que ya no la pueden abonar y como esta situación se dará en el conjunto de la banca, pues se fastidiarán y la pagarán la gran masa de clientes, aunque habrá unos cuantos, los de siempre, a los que no se la cobrarán. Internet es una auténtica revolución y al final un banco simplemente les da un servicio financiero que a día de hoy se puede gestionar desde cualquier dispositivo con acceso a la red.

En este momento, la banca habrá conseguido su reto a medio plazo, seguir teniendo clientes, que ellos se lo hagan todo por internet, al menos el 80% de la operatoria que hoy se hace en oficina. De esta forma cerrarán la mayoría de las oficinas y echarán a los empleados, quedando únicamente una oficina de referencia por cada población de más de "x" habitantes y alguna oficina de segmentos que aporten más negocio, como las grandes empresas y las grandes fortunas.

GASTOS DE CORREO

En este caso, no estamos hablando exactamente de comisiones, simplemente la entidad les repercute el gasto que antes no cobraban y ahora sí, por enviarles correspondencia a casa. Lo que tienen que hacer para que no les cobren son tres cosas: la primera, que les pongan en sus condiciones personales que no cobren por ese concepto, si no pueden, la segunda opción es que la correspondencia se la manden a la oficina, si aún así les dicen que también le van a cobrar el gasto de correo, por último sería decirles que anulen la correspondencia y si tienen correo electrónico que se lo envíen a su correo, esto se conoce como "correspondencia ecológica", es más fácil cómodo y más barato, y así no les deben cobrar nada por la correspondencia, ya que no les envían ninguna.

COMISIONES POR DESCUBIERTOS O EXCEDIDOS

Las comisiones por descubiertos, se producen cuando por cualquier motivo, la cuenta corriente se queda en descubierto o como se suele denominar en negativo o en números rojos. El motivo fundamental, es cuando les llega algún recibo y la entidad lo carga. Para no devolverlo y les deja la cuenta en negativo o descubierto. Normalmente, si es un cliente conocido y la oficina sabe que suele hacer ingresos en la cuenta, se le paga el recibo y se le avisa telefónicamente que se le ha pagado y que tiene que ingresar, precisamente para que no le cobren la comisión por descubierto. Esta labor, ya les digo, que no es una obligación por parte de las oficinas, los clientes son los responsables de sus finanzas y son ellos los que tienen que estar al tanto de sus recibos y de si se pagan o no. De esta forma evitarán el 99% de este tipo de comisiones, ya que se cobran cuando pasan unos días en descubierto. Depende de cada entidad que sean 2, 3 o 4 días más o menos, de hecho esta comisión, hay entidades que la cobran a los pocos días de quedarse en descubierto y otras hacen la liquidación a la vez que cobran las de administración y mantenimiento, eso sí, cada comisión está claramente definida.

Como les he dicho, pueden evitar esta comisión de dos formas. La primera es dejar una autorización firmada en la entidad en la que den orden de que no le carguen ningún recibo si no hay dinero en la cuenta. La segunda es gestionar su cuenta y sus recibos para no dar lugar a descubiertos.

Ya sé, que recibos como el agua o la luz, no se deben devolver para que no se la corten y por eso precisamente los empleados de banca no los suelen devolver. Lo que no se puede hacer, es que el empleado de banca no se lo devuelva para que no le ocasione un problema mayor y luego quejarse por la comisión. La situación es muy difícil y es una putada, pero sean conscientes que todo no se puede tener y en banca tampoco.

Con esta comisión, hay que tener en cuenta una cuestión, que se da en muchas ocasiones y que es complicado de explicar. Puede ocurrir que sin haber estado en negativo la cuenta, tengan que pagar intereses por excederlo para sorpresa del cliente. Esto ocurre, cuando por ejemplo, reciben dinero vía domiciliación bancaria, bien de un alquiler, o de un trabajo que se ha realizado, en definitiva, un ingreso en cuenta que no sea en efectivo.

En estos casos, ustedes están viendo el dinero en cuenta, pero realmente lo que tienen que asegurarse, es de si ese dinero lo tienen disponible o retenido. Si el dinero está retenido, simplemente quiere decir que aunque en unos días lo van a tener disponible, si les llega algún cargo que sobrepase el disponible que tienen, se atenderá el pago, pero contablemente al tener el dinero retenido, es como si se quedasen en descubierto, cuando a ustedes no les consta que esta situación se esté dando.

Por esta razón, tienen que tener claro, cuál es el disponible de su cuenta para no llevarse sorpresas. Normalmente, lo suele poner en el extracto, o si lo consultan en Internet, en la parte superior de la cuenta y reza tal cual, saldo actual, saldo disponible e importe retenido. Estas retenciones deben saber de que son, ya que pueden deberse, bien a los casos que acabo de exponer, o bien también pueden deberse a multas de tráfico, impago de impuestos y cosas de este tipo, que suelen aparecer como embargos ejecutivos.

Con esta última exposición sobre los descubiertos en cuenta, finalizamos nuestro periplo por el maravilloso mundo de las comisiones y nos adentramos en el funcionamiento de algunos productos que a pesar de ser muy comunes, hay una gran parte de usuarios que no conoce su funcionamiento al cien por cien.

LAS COMISIONES QUE VENDRÁN

Si piensan que ya existen muchas comisiones, les pongo unos ejemplos de comisiones que se empezarán a cobrar dentro de no muchos años.

- ▸ Por solicitar un duplicado de un recibo.
- ▸ Por pedir extractos, sea cual sea su periodicidad.
- ▸ Por tener físicamente una libreta. Este soporte desaparecerá en unos años.
- ▸ Por solicitar duplicados de claves, bien sean de la libreta, tarjeta o del acceso a internet.
- ▸ Por solicitar movimientos de la tarjeta de crédito.
- ▸ Por anular una operación hecha con tarjeta.
- ▸ Etc.

58

3.2. Reclamarle al banco: Misión Imposible IV

Aunque son muchos los que piensan que al banco no se le puede reclamar nada, porque siempre van a tener las de ganar. Les digo que esto no es siempre así. Es cierto que los bancos tienen servicios jurídicos preparados a tal efecto pero también es cierto que no son inexpugnables ni mucho menos.

Lo que deben tener claro es la diferencia entre una reclamación con fundamento o base legal y un mero pataleo. Si estamos en el primer caso les invito a que agoten todas las vías posibles de reclamación, si es la segunda, también les invito a que no pierdan demasiado el tiempo, por que no van a conseguir nada al respecto. Un ejemplo de este segundo caso es la típica comisión que seguramente es injustísima, pero no por ello deja de ser legal. En estos casos les aconsejo que intenten cumplir con los requisitos de la entidad como ya les comenté en el apartado de comisiones.

Mi recomendación es que consulten a un asesor bancario externo independiente o a alguna asociación de consumidores, a ser posible de las que no extorsionan a las entidades diciéndoles que o pagan o les demandan. Haciendo esta consulta les dirán si la reclamación tiene posibilidades de salir adelante o no.

En este capítulo les voy a explicar cómo realizar reclamaciones a su entidad, exponiendo los pasos a dar y dónde hay que dirigirse en cada momento.

Lo primero que deben tener claro es que cualquier reclamación que no se realice por escrito, simplemente no existe. Olvídense de las reclamaciones verbales, literalmente no sirven para nada. Cualquier reclamación que quieran interponerle a un banco o a cualquier otra empresa o gran corporación, pública o privada, debe realizarse por escrito y por duplicado, quedándose ustedes copia sellada de la misma, en el caso de realizarla en papel.

Todas las entidades tienen un departamento de atención al cliente, este es el primer paso que deben dar si en su oficina no pueden o quieren resolverles las incidencia, de hecho, en muchas ocasiones serán los mismos empleados los que les instarán a que pongan esa reclamación, por que ellos no tienen otro modo de poder ayudarles.

La reclamación por atención al cliente se puede hacer por dos vías. La primera y la que aconsejo, es poner la reclamación directamente en la página web de la entidad, en la que suele haber un acceso al departamento de atención al cliente. Normalmente tendrán que rellenar un formulario con sus datos y tendrán que exponer brevemente su reclamación. Esta forma es la más directa ya que la reclamación le llega a la entidad en el mismo momento.

La otra vía es hacerlo por escrito, con dos copias y llevarlas a la oficina para que esta a su vez la envíe por valija al departamento de atención al cliente. Las oficinas suelen tener un modelo de reclamación a tal efecto. Si lo hacen en su modelo, pidan una copia sellada con la fecha para que quede constancia de la reclamación. Esta fórmula es menos efectiva, ya que la oficina la tiene que mandar al departamento de atención al cliente y puede ocurrir que casualmente se pierda la valija dónde iba la reclamación y su esfuerzo no sirva de nada, teniendo que volver a repetir el proceso.

Una vez que el departamento de atención al cliente revise su reclamación, la enviará a la oficina, para que ésta de las explicaciones oportunas y las remita al departamento. Una vez realizada esta operación el departamento dará resolución a la queja e informará del proceder sobre la misma, a la oficina y al cliente.

En muchas ocasiones se resuelven satisfactoriamente para el cliente, por lo que les invito a en un primer momento realizar su reclamación por esta vía.

HOJAS DE RECLAMACIONES

Otra manera para reclamarle a una entidad financiera, es mediante las conocidas hojas de reclamaciones que por ley deben tener todas las oficinas bancarias, en este país. Cada comunidad autónoma tiene un modelo pero todas son muy similares.

Normalmente este tipo de reclamaciones se dar por que el cliente percibe que el trato no es el adecuado, o bien por que piensa que se le debería dar un tipo de servicio que la oficina no está dispuesta a realizar. Es muy usual que estas reclamaciones las realicen clientes de otras oficinas que están de paso y la oficina dónde las ponen no son las suyas. Este tipo de reclamaciones no suelen ser muy efectivas, aunque es otro modo de plantear una queja o reclamación. La respuesta a estas reclamaciones es mucho más lenta y no suele ser muy efectiva, aunque es otra forma de hacerlo.

RECLAMACIÓN VÍA BANCO DE ESPAÑA

El Banco de España en su encomiable misión de supervisor del sistema bancario español, por decirlo amablemente, pone a su disposición la posibilidad de realizar reclamaciones a la banca por medio suyo. Aunque es cojonudo ya que aunque el Banco de España les de la razón sus argumentos son simplemente recomendaciones a la entidad a la que se le ha puesto la reclamación. Es decir, usted reclama, el banco de España les da la razón y la entidad de marras hará lo que les salga de los mismísimos. En cualquier caso creo que es un buen método al menos para saber si nuestra reclamación tiene algún fundamento.

Si no recuerdo mal el plazo de contestación del banco de España es de tres meses, ya ven sin muchas prisas.

VÍA JUDICIAL

Esta es la mejor forma para reclamarle a una entidad y por desgracia en ocasiones la única efectiva. Normalmente esta opción se usa si la reclamación, normalmente económica, es sustancialmente importante. Como supongo que sabrán esta vía se ha utilizado para reclamar el abono derivado de una cláusula abusiva como en el caso del suelo de las hipotecas o también en el caso de las acciones de Bankia y en ambos casos se está resolviendo satisfactoriamente para los clientes.

Hay otros muchos casos que aunque no afecten de forma general a los clientes y no sean tan mediáticos como estos que acabo de citar, si que son susceptibles de ser reclamados.

Mi recomendación es que se asesoren previamente con un asesor externo en temas de banca y ven que hay lugar a una posible reclamación judicial, lo hagan con un abogado/a especialista en estos temas.

Otra forma de asesoramiento son las asociaciones de consumidores, a ser posibles alguna de ellas que esta especializada en estos temas como por ejemplo ADICAE, la pongo a modo de ejemplo ya que creo que están haciendo un buen trabajo a nivel de demandas colectivas como las ya citadas.

_04 NUESTRAS AMIGAS LAS TARJETAS

Si señores, las tarjetas, esas grandes desconocidas. Lo primero que hay que hacer es distinguir entre dos tipos de tarjetas fundamentalmente.

Tenemos la aparentemente inofensiva tarjeta de débito, sí, esa que cuando se usa, le cogen el dinero en el momento de su cuenta corriente. Esta tarjeta en principio no tiene más historia, si hay dinero se puede usar y si no pues no. Parece bastante sencillo, la cuestión con estas tarjetas, reside en la comisión que llevan asociadas y que normalmente se cobra semestralmente o anualmente según entidades. Normalmente, se la endosan al abrir una cuenta y les suelen decir que es gratuita.

Realmente lo son, normalmente un año y si ven el contrato no estará reflejado, a pesar de ello, si usted tiene como se dice en banca, otros productos (nóminas, recibos y algún segurito) normalmente le devolverán la comisión, que no es lo mismo que no tener comisión, se la cobran y si no está pendiente pues se la lleva puesta, y si se da cuenta y lo dice, entonces se la quitan, siempre que se pueda.

En cualquier caso, no les pueden obligar a tenerla, así que si no la quieren la pueden dar de baja cuando lo consideren oportuno.

Ahora vamos con las tarjetas peligrosas, si queridos, las de crédito. Para ser realistas si estas tarjetas se usan correctamente no tienen que dar problemas, pero normalmente, los clientes sólo se quedan con un dato, el crédito que tienen. Estas tarjetas se pueden usar normalmente y el día 1 del mes siguiente a usarlas se realiza el cargo en la cuenta del límite usado.

[Ejemplo]

Usted tiene una tarjeta de 1.000 € de límite, muy bien, usa durante el mes de enero 650 €, estupendo, pues el día 1 de febrero le cobrarán los 650 € de su cuenta, sin intereses ni historias raras.

Este ejemplo sería el uso normal de la tarjeta. Ahora bien, puede pasar que llegue el 1 de febrero y no tengan los 650 € en la cuenta. En este caso, lo que pasa, es que han dejado de pagar la tarjeta y empiezan los gastos adicionales, que normalmente son:

▸ Intereses de demora por no pagar la tarjeta a tiempo, siempre por los días de retraso.

▸ Comisión por reclamación de la deuda, esta es la que más duele ya que es una cantidad fija independientemente del importe impagado. Esta comisión se suele cobrar entre el primer y quinto día de impago, así que mucho cuidado con no tener el dinero, que ya han gastado y que el banco les ha adelantado, que luego vienen las madres mías.

El otro peligro de estas tarjetas, se da cuando usan lo que se denomina pago aplazado, que normalmente, es lo que quieren las entidades. El pago aplazado no es otra cosa que usar la tarjeta e ir pagando a razón de una cuota más o menos constante en función del importe que usen.

[Ejemplo]

Tenemos una tarjeta de 1.000 € de límite, y en enero la usan para comprar un viaje de 600 €. Muy bien, como son clientes muy precavidos y saben que el 1 de Febrero no van a tener los

600 € para pagarla, le dicen al empleado del banco que quieren pagar poco a poco a razón de 100 € al mes, el empleado le hace la gestión y usted pagará durante los 6 próximos meses 100 €, más los intereses que son una pasada, normalmente oscilan entre un 1,5 - 2,5% mensual, es decir de un 18% - 30% anual. Al cliente no le parece demasiado por ser una cantidad pequeña y se irá tan contento a casa. Otra opción es no gastar lo que no tienen y no irse de viaje, así se evitarán pagar unos intereses desmesurados.

El problema de esto, es que normalmente, conforme van pagando la tarjeta van teniendo otra vez el crédito en la misma y lo vuelven a usar, lo que deriva en un bucle en el que siempre están usando la tarjeta y pagando intereses indefinidamente. Como ven, es un negocio redondo, para la entidad claro.

Existe otro problema adicional con estas tarjetas de crédito, y es ni más ni menos que, la conocida comisión de la que ya hemos hablado. La trampa en este caso, es que le cobran la comisión conjuntamente con la cuota, bien del pago aplazado, o bien del pago total que se hace mes a mes. Lo que intenta la entidad, es enmascarar la comisión en la cuota y si es posible una vez más colársela ,aunque no siempre es así. Si el cliente no se entera, pues ya se la han cobrado y si reclama y se le puede quitar se le quita y si no pues se queda con ella, y como el cliente, ya está enganchado en el bucle de usarla, al final se queda con la comisión, por que necesita la tarjeta.

 [Conclusión]

Las tarjetas son una herramienta genial para hacer pagos, son cómodas, limpias, seguras y no ocupan casi nada, pero hay que darles un buen uso y no echarle siempre la culpa al del banco del mal uso de la misma. Ustedes son los responsables de sus finanzas domésticas.

_05
SEGUROS

Desde hace muchos años, ha habido una reconversión en el mundo de los seguros y de la banca. Me refiero a que los bancos parece que se quieren convertir en aseguradoras y éstas a su vez les quieren vender un fondo de inversión o un plan de pensiones, convirtiéndose en bancos.

Es normal, ya que lo que se solía hacer en los buenos tiempos, era aprovechar la firma de un préstamo y le endosaban uno o varios seguros. Ahora paso a describirlos más usuales, así como, que consideraciones tienen que tener en cuenta. Lo haré de forma muy superficial y emplazo a alguna persona experta en este tema a que realice un manual básico sobre seguros, estoy seguro que sería de gran interés.

5.1. Los más usuales

SEGURO DEL HOGAR

Por lo general, un cliente no suele ir a una entidad a que le hagan el seguro de su casa. Lo que sí es normal es que se lo propongan, incluso como condición para que les den el préstamo hipotecario.

Bien, lo primero que hay que tener en cuenta es que no les pueden obligar a hacer ni éste, ni ningún otro seguro, pero también es cierto que según la ley hipotecaria, deben realizar un seguro mínimo de incendios y si

69

no se hace con el banco, sí que lo tienen que poner (al banco) como benefi-ciario del mismo, por si ocurriese una desgracia.

Normalmente, estos seguros no son muy costosos, dependerá del contenido y el continente que aseguren, lo explico. El contenido, es ni más ni menos lo que tienen dentro de la vivienda, muebles, electrodomésticos, joyas, obras de arte, o cualquier cosa susceptible de ser asegurada y que normalmente está en su vivienda. El continente, es la vivienda en sí, y se asegura normalmente, por el valor de reposición, es decir, lo que les costaría hacerla de nuevo si por ejemplo, sufren una explosión de gas y queda todo hecho una mierda.

A la hora de asegurar el contenido, no sean rácanos, muchas veces quieren ir al mínimo de los mínimos 3.000 € y con esto no cambian ni los electro-domésticos de la cocina. No se trata de hacer una valoración exhaustiva, pero al menos no se queden cortos, tengan en cuenta que en una vivienda normal, pueden tener entre 15.000 - 30.000 € entre todo lo que hay dentro.

Tienen que tener en cuenta, que si hay algún elemento especial, un tapiz, una obra de arte, joyas o similares, deben hacerlo constar en el seguro y en ocasio-nes si el valor del objeto en cuestión es elevado, sería aconsejable que se perite y se asegure con el valor real que tiene. De no ser así, si tienen un incidente en la casa y no está debidamente asegurado, se quedaran sin el objeto y sin el dinero.

Como recomendación, decirles que si contratan un seguro, léanse el pliego de coberturas antes de contratar el seguro, es un tostón, pero si lo hacen al me-nos sabrán lo que están contratando y a qué atenerse en caso de un siniestro.

[Ejemplo]

Los daños sufridos en persianas debido al viento. Suelen estar aseguradas siempre que el viento supere una velocidad especí-fica, por ejemplo 90 km/h.

Esto es sólo un ejemplo de lo que tiene que tener en cuenta, y como esto mucho más.

SEGURO DE VIDA

Aunque creo que no es muy necesario, decirles, que este tipo de seguros les aseguran, no la vida, sino la muerte, es decir, si mueren, los cobran sus herederos legales o a quién ustedes designen como beneficiarios del mismo.

Las entidades financieras, intentan "colocarles" estos seguros siempre que les prestan dinero, es decir, cuando solicitan un préstamo se lo contratan, sí o sí. Normalmente, si se trata de un préstamo personal, siempre se contrata, ya que si fallece, el préstamo queda pagado, a estos seguros se les denomina también seguros de amortización, precisamente porque si fallecen, el préstamo se amortiza y se cancela, de esta forma no le dejan la deuda a sus herederos.

La verdad les digo, que éste, es de los productos que uno nunca quiere usar, pero, si se da el caso, les facilita mucho la vida a los herederos. Ya es bastante complicado que fallezca el padre o la madre de una familia, como para que encima les dejen las deudas a sus hijos, si los tienen, o a su pareja.

De hecho, personalmente, tengo asegurados todos los préstamos que tengo y para mí es el dinero mejor invertido.

Cuando este seguro lo hacen al concederles una hipoteca, normalmente les plantearán, si son dos titulares los que solicitan el préstamo, que se aseguren al menos la mitad del importe del préstamo cada titular.

[Ejemplo]

Si les conceden un préstamo de 100.000 €, les plantearán que al menos, aseguren la mitad cada uno, es decir, 50.000 € cada titular, siempre que sean dos titulares en el préstamo. Si tiene la desgracia de fallecer uno de ellos, al menos, la mitad del préstamo quedaría pagado y la otra mitad, la seguiría pagando el otro titular. Lo lógico no sería hacer el 50% cada uno, sino más bien adecuar el importe a asegurar por cada titular en función de sus ingresos. Es decir, si uno de los dos titulares aporta el 75% de los ingresos y el otro el 25%, lo normal sería, usando el caso anterior, que se asegurase un titular 75.000 € y el otro 25.000 €.

Por último, simplemente comentarles que si se hacen algún seguro de vida, infórmense bien de que cubre, algunos cubren a parte del falleci- miento, también algunos tipos de invalidez y en ocasiones si el falleci- miento es por accidente de circulación también las primas a recibir son mayores. Como siempre les digo, léanse las coberturas de los seguros, al menos las principales, de no hacerlo seguramente estarán firmando un seguro que no les cubrirá lo que creían.

OTROS SEGUROS

Existen infinidad de tipos de seguros, mi recomendación, es por lo general hacer los seguros indispensables con la entidad bancaria para que les den el préstamo que solicitan, siempre que esto sea una condición de la entidad y a ser posible que estén vinculados al préstamo para que se lo bonifiquen en el tipo de interés, y en el caso del seguro de vida, que el préstamo quede pagado.

▸ **El del coche/moto:** si solicitan un préstamo a una entidad para adquisi- ción de vehículo, seguramente una de las premisas será hacerles el se- guro del mismo. En ocasiones también bonifica la operación, de no ser así, háganlo donde más les convenga.

▸ **El de salud:** todos lo conocemos, y cada vez tienen más auge, ya que cada vez la sanidad pública, por desgracia, mira muy mucho las pruebas diag- nósticas a realizar. Cada vez cuesta más que nos manden un TAC, analí- ticas específicas y otra serie de pruebas, bueno, o simplemente que nos receten algo para la tos, no olvidemos que nos han quitado 400 medica- mentos que antes se recetaban y ahora no. En este tipo de seguros hay que tener en cuenta las franquicias para que les realicen algunas pruebas, sobre todo para tema de embarazos o ciertas enfermedades crónicas.

▸ **El de autónomos:** si están de baja médica, les pagarán un importe diario por hospitalización y otro por días de baja, como imaginarán hay un límite de cobertura, ronda entre los seis y los doce meses, más allá de los doce meses se entiende que tendrían que gestionarnos una incapacidad.

▸ **Decesos:** o el conocido como, "el de los muertos". Les cubren los gastos del funeral cuando hagan el último viaje.

5.2. Algunas consideraciones generales

Lo primero que tienen que tener en cuenta, es que si el seguro no es de la entidad bancaria y es de una aseguradora, la entidad no les va a poner pegas para devolverlo. Cuando empiezan a darles vueltas, es cuando quieren devolver un seguro que han contratado con la entidad. En estos casos, deben comunicarlo con al menos dos meses de antelación a su vencimiento y por escrito. De no hacerlo así, no se sorprendan de que el empleado de banca no se lo devuelva, estas son las instrucciones que le han dado y debe cumplirlas, ya que así lo refleja la Dirección General de Seguros y Pensiones.

Se puede hacer el seguro con la aseguradora que quieran, siempre que pongan de beneficiaría a la entidad que les da el préstamo, deben pedirle a la aseguradora lo que se denomina "carta de cesión de derechos" pero como de bien nacidos es ser agradecidos, ya que les han dado la pasta para comprar su casa, pues que menos que le contraten el seguro de la misma. Sobre todo, si encima les bonifican el tipo de interés del préstamo. A fin de cuentas, el seguro hay que hacerlo y no habrá mucha diferencia si lo hacen en la correduría de su cuñado, en vez de en la entidad.

Normalmente, en el momento de firmar el préstamo uno de los papelitos a firmar es el seguro de vida, o de hogar y vida si es una hipoteca y cosas así. En ese momento, el cliente está vulnerable y eufórico ya que le han dado un préstamo para cambiar de casa o coche o lo que coño sea y el muy incauto lo firma todo, hasta la muerte de Manolete si hiciese falta, pero al año, vienen las madres mías, el seguro se ha encarecido, y el cliente ya no lo quiere. Pues bien, señores clientes tienen todo el derecho de mundo a devolver cuantos seguros quieran, eso sí, si se les concedió una hipoteca, lo que tiene que hacer es darles una copia del nuevo seguro a la entidad financiera, poniendo a esta última como beneficiaria en caso de siniestro en la vivienda, por que recuerde, que la vivienda la debe y quien le ha dado la pasta, es el mayor interesado en que la vivienda este correcta y que usted la pague.

Si no han sido precavidos y dos meses antes no han realizado el escrito, les animo a que se den de alta en la banca electrónica y lo devuelvan tantas veces como quieran, normalmente no probarán más de dos o tres intentos.

Para terminar el capítulo de seguros, decirles que a pesar de no ser obligatorios, si pueden ser un condicionante para la concesión de un préstamo. En estos casos y si no le queda más remedio, firme el préstamo y una vez formalizado, dos meses antes de su renovación, cancélelos si le interesa, ya que algunos de estos seguros tienen vinculado una reducción en el importe mensual del préstamo. Bueno, la cuenta es sencilla, si la bonificación es mayor que la diferencia de contratar otro seguro, pues déjenlo donde está, si simplemente no es necesario el seguro, compruebe que la bonificación es menos que lo que paga por su seguro y si es así cancele el seguro.

[Ejemplo]

Tenemos un préstamo de 100.000 € a 25 años al 3% de interés. Nos resulta una cuota de 473 €.

Si hacen el seguro con la entidad, les bonifica 0,10% el interés, es decir, pagarían 2,90% y esto nos da una cuota de 467 €.

Tenemos: 473 - 467 = 6 €/mes x 12 meses = 72 €/año

Esta es la diferencia que tienen que ver entre el seguro de la entidad o el de otra compañía.

Si el seguro de la entidad tiene un coste de 250 € y le restamos 72 € nos da 178 €, este es el importe que les tendría que costar el seguro fuera del banco para que al final se quedasen a la par. Si el importe es mayor, ya no les interesa, y si es menor, ganarían la diferencia.

Para un seguro de 140 €: 178 -140 = 38 € a su favor

74

_06
PRÉSTA-
MOS

Uno de los mejores momentos que tiene un empleado de banca, es cuando concede un préstamo a un cliente, ahora parece ciencia ficción, pero en su día se daban préstamos. El problema fue que se daban a todo quisqui y pasó lo que pasó.

Sin embargo, el día más feliz del cliente, es cuando lo termina de pagar.

Básicamente, existen dos tipos de préstamos: los préstamos personales y los préstamos hipotecarios. Hay más, pero estos son los que afectan a esa gran mayoría de la población silenciosa.

6.1. Préstamos personales

Son aquellos que se conceden con la garantía personal del titular/es que lo solicitan, es decir, no existe garantía ninguna, ya que se puede conceder este préstamo a un directivo/a, con contrato fijo y 20 años de trabajo a sus espaldas y una nómina de 6.000 € y que esta persona en cuestión de 3 meses, puede tener otra situación, lo pueden haber echado del trabajo, haberse separado y tener que pagar la susodicha pensión, estar viviendo con sus padres de 83 años de edad y no tener ni para pipas. Este es un ejemplo un poco drástico, pero cierto.

Pues eso, que no hay una garantía de por medio. Se suelen dar estos préstamos para comprar un coche, para una reforma del hogar, para una boda, viajes o bien para arreglarse la boca, este caso, algo más común de lo que parece, y luego si no puede pagar, pues eso, se le arrancan los dientes y punto. Ven como no hay garantía de cobro.

Estos préstamos suelen tener una duración de entre 24 y 96 meses como máximo (2-8 años), se conceden en base a la situación personal de los solicitantes, es decir, nómina, antigüedad laboral, situación patrimonial, aunque no se ponga ningún bien como garantía.

6.1.1. Características generales

▸ **Plazo:** Suele estar entre los 24 meses y los 96, aproximadamente.

▸ **Finalidad:** Adquisición de vehículos y reformas en general son las dos finalidades más comunes, aunque pueden ser otras como celebraciones(bodas, comuniones etc.) cirujía estética en sus diversas opciones de implantes, arreglos de boca, etc. Estas últimas finalidades no son del agrado de las entidades convencionales y por ello, son algunas entidades de financiación al consumo las que se dedican a este tipo de operaciones.

▸ **Tipo de interés:** Tienen que tener muy claro, cuál es el tipo de interés que les van a aplicar en toda la duración del préstamo. Me explico, en algunas ocasiones, les dan un tipo de interés más jugoso el primer año y luego el resto de años se incrementa. También es muy normal, que les den un tipo inicial y luego les calculen el tipo de interés del resto de años en función a los productos que tengan contratados, ya saben, nómina, tarjetas, seguros etc.

COMISIONES DEL PRÉSTAMO

▸ **Comisión de apertura:** es la que se cobra al inicio del préstamo, suele rondar entre el 1,5% y el 3%.

▸ **Comisión de estudio:** suele reflejarse en el contrato y aunque no se suele pagar puede estar entre el 0,25 % - 1%.

▸ **Comisión por amortización/cancelación parcial:** En el caso de amortización/cancelación parcial, deben saber si existe un mínimo a amortizar, es decir, si existe un porcentaje mínimo a partir del cual pueden amortizar/cancelar parcialmente el préstamo.

.. [Ejemplo]

Tienen un préstamo de 20.000 € y el contrato les indica que se pueden hacer cancelaciones parciales de un mínimo del 5% del capital pendiente.

Si quisieran hacer una amortización el primer mes del préstamo debería ser del 5% de los 20.000 €, es decir de 1.000 €.

Si esto mismo lo quisieran hacer cuando les quedan 10.000 € por pagar, la cantidad mínima para amortizar sería de 500 €.

...

▸ **Comisión de cancelación o como se dice ahora por desistimiento:** Esta comisión sólo se aplicará si deciden pagar el importe íntegro del préstamo y cancelarlo. Normalmente suele ser de entre el 1% - 3%.

....

6.1.2. Préstamos bonificados

Como les he comentado, hay préstamos personales que el tipo a aplicar, depende de los productos o servicios que contraten con la entidad. A esto se le conoce como préstamo personal bonificado, es decir, por cada producto que tengan les reducen el tipo de interés que pagan.

Veámoslo en un ejemplo.

[Ejemplo]

El cliente "X" solicita un préstamo para comprar un coche.

El banco le dice que le cobrará el Euribor a 12 meses más 6 puntos, pero que estos seis puntos se pueden reducir si contratan o tienen los siguientes productos y servicios.

Domiciliación de nómina: se descuenta 0,35%
Domiciliación de tres recibos, pagaderos bimensualmente: 0,15%
Tarjeta de crédito, y usarla un número de veces determinado: 0,10%
Por contratar un seguro de vida o amortización: 0,15%

Es decir, si partimos de un interés de un 6,5% y tienen todos los productos contratados, el préstamo se puede quedar de la siguiente forma:

▸ *Interés inicial: 6,5%*
▸ *Domiciliación de nómina - 0,35%*
▸ *Domiciliación de recibos - 0,15%*
▸ *Tarjeta de crédito/débito - 0,10%*
▸ *Seguro de vida/amortización - 0,15%*
▸ *Interés resultante - 5,75%*

Para que se hagan una idea, si piden un préstamo personal de 20.000 € a 60 meses (5 años) el ahorro de pagar el 6,5% o el 5,75% es el siguiente:

20.000 € al 6,5% a 60 meses →
389 €/mes x 60 meses = 23.340 €

20.000 € al 5,75% a 60 meses →
382 €/mes x 60 meses = 22.920 €

Ahorro de 420 €

Hay que tener especial cuidado con el tipo de recibos que domicilian, ya que suelen ser de pago al menos bimensual, es decir, recibos de luz, agua, gas, teléfono, etc. No es válido el recibo del gimnasio que pagan cada tres meses, por ejemplo, si no es así, creen que les van a bonificar la parte de los recibos (0,10%) y luego comprueban que no ha sido así, porque los recibos no eran los adecuados.

También lo tienen que tener claro con el tema de la nómina, ya que suele ser de un importe mínimo, al menos 600 €, aunque si tienen menos nómina, no se tienen que preocupar por la bonificación, porque directamente no les darán el préstamo.

Por último, tener claro el tema de la tarjeta, ya que para que bonifique el tipo de interés, deben usarla un número determinada de veces, en un tiempo concreto, es decir, usarla al menos 6 veces en los últimos tres meses, y saber si el uso se limita a la realización de compras o bien los reintegros en efectivo también cuentan como operación con tarjeta.

Si todo esto no lo tienen claro, bien porque no se lo han explicado, o bien porque no lo han entendido, cuando les revisen el tipo de interés a aplicar, normalmente se revisa trimestralmente, puede ser que pensasen que les iban a bonificar y como no cumplen rigurosamente con lo establecido en el contrato no se les aplicará ninguna bonificación y por lo tanto se quedarán con cara de imbéciles y con el tipo inicial sin bonificar, en su caso con el 6,5% en vez del 5,75% que deberían aplicarles por cumplir los criterios que creían cumplir.

Clientes, es responsabilidad del empleado de banca explicarles detalladamente estos apartados, pero también es responsabilidad del cliente leer el contrato antes de firmarlo y preguntar lo que no esté claro y si aún así no lo tienen claro, no lo firmen.

6.2. Préstamos hipotecarios

Hablamos en este apartado, uno de los más importantes, de la ya más que conocida hipoteca. Esa en la que estamos inmersos la mayoría de los españolitos y que nos la quitaríamos si nos tocase la lotería o similar, así que, como esa circunstancia no se suele dar, seguimos pagándola, al menos, los que todavía podemos hacerlo.

6.2.1. Tipos de hipoteca

HIPOTECA CONVENCIONAL

Es la que todos conocen y la inmensa mayoría tienen, simplemente les prestan un importe determinado que tienen que devolver en un plazo y con un tipo de interés, pudiendo ser el interés fijo o bien variable (la gran mayoría) referenciado a un índice, normalmente el conocido Euribor más el diferencial que toque, por ejemplo: Euribor + 1,5%.

HIPOTECA DE CUOTA CRECIENTE

Como bien dice su nombre, esta hipoteca es igual que la anterior, la única diferencia es que la cuota que van pagando empieza siendo menor que si fuese una hipoteca normal y luego se va incrementando. En esta hipoteca, lo que no se paga antes se paga después. Esto quiere decir, que cuanto más tarde paguen, les saldrá más cara la hipoteca. Sólo aconsejaría esta opción, si saben ciertamente que en un plazo prudente, sus ingresos se van a incrementar, de no ser así, no se engañen con la posibilidad de que sus ingresos serán mayores, no hablamos de posibilidades, hablamos de hechos ciertos a medio plazo.

[Ejemplo]

Estoy en excedencia o con reducción de jornada por cuidado de hijos y dentro de un año me reincorporo al trabajo. En este caso podría ser útil, pero insisto que si se puede ir pagando de forma normal, mejor, de otra forma están incrementando el montante final del préstamo.

HIPOTECA BULLET

Esta hipoteca también se conoce como hipoteca de cuota final, el nombre es lo de menos, lo que tienen que tener claro es su funcionamiento. En esta hipoteca, lo que se hace, es que se paga una cuota menor durante muchos años y al finalizar la hipoteca se paga una cuota con toda la hipoteca pendiente de pagar. Como supondrán esta cuota final es muy elevada, sólo es conveniente esta hipoteca si saben con absoluta seguridad que al final de la hipoteca van a tener el dinero necesario para pagar esa cuota.

[Ejemplo]

Se puede usar esta hipoteca si se sabe que a vencimiento de la hipoteca se tendrá ese dinero, bien, porque van a vender algún bien o bien por que sepan que van a recibir algún tipo de herencia.

HIPOTECA INVERSA

Esta hipoteca está pensada para personas mayores, normalmente a partir de 65-70 años y que quieran complementar su pensión con ingresos extra. Lo que se hace, es tasar la vivienda y según su valor les dan una cuota a cuenta de su vivienda durante una serie de años (10-15-20) años, en función de la edad del solicitante. Con esta hipoteca, les pueden ofrecer un seguro que les permita estar toda la vida cobrando esa cuota, incluso aunque se hayan pasado los años que se estipula en la hipoteca.

[Ejemplo]

Una pareja que tienen 70 años y hacen una hipoteca inversa a 15 años, si contratan el seguro llegados a los 85 años seguirán cobrando todos los años hasta que fallezcan, si no se contrata, a los 85 dejarían de cobrar y quedarían en una situación delicada, aunque en estos casos existe la opción de que la entidad realquile la vivienda a los clientes para que no se vean en la calle.

83

HIPOTECA EN DIVISAS

Esta hipoteca se hizo muy popular entre algunos colectivos hace unos años. Parecía que era la hipoteca fantástica, ya que mientras en España se pagaban las hipotecas al 4%, éstas pagaban la mitad. Estas hipotecas normalmente se hicieron en Yenes Japoneses, ya que el tipo de interés aplicado era mucho menor, aunque también fue muy popular el Franco Suizo, por su estabilidad.

Normalmente, las entidades te dejaban cambiar la divisa de la hipoteca cada cada tres o seis meses sin coste, de esta forma se podría aprovechar el mejor interés en cada momento. Pero que pasó, pasó lo que tenía que pasar, los clientes que hicieron estas hipotecas no eran expertos financieros, y no controlaban el mercado de divisas, por lo que en un primer momento se ahorraron un dinero y a día de hoy están pagando más de lo que empezaron a pagar y en algunos casos la deuda es mayor que la que contrajeron cuando firmaron la hipoteca.

La hipoteca en divisas, como producto es muy bueno, pero si no tiene una persona pendiente de cambiar la divisa en cada momento, pasa lo que les acabo de decir. Esta hipoteca está pensada para clientes que tienen asignado un gestor patrimonial y que entre su trabajo está el realizar estos cambios para beneficio del cliente. Pero la mayoría de los que hicieron esta hipoteca, no tenían el perfil de banca privada y por supuesto no tenían asignado un gestor patrimonial o de banca privada para hacerles ese trabajo.

Recomendación, no se metan en temas tan desconocidos y hagan una hipoteca convencional, a la larga dormirán mejor.

....

6.2.2. Me quiero comprar una casa

A la hora de pedir un préstamo hipotecario, las personas suelen ir al banco y empiezan con una frase tal que así "hemos visto una vivienda y nos cuesta xxxxxxx €", bien, empezamos mal.

Cuando alguien quiere comprar una casa, lo primero que tiene que ver, es su capacidad de endeudamiento, es decir, cuanto les podría prestar en banco, y eso sumado a lo que esta persona o personas pudiesen aportar, entonces empezar a ver viviendas con el presupuesto que tienen. De esta forma ahorrarían tiempo y esfuerzo.

Alguien dirá y con razón, que cómo se yo cuál es mi capacidad de endeudamiento, pues bien, como norma general tienen que tomar como máximo endeudamiento entre el 30% - 40% de sus ingresos netos. En este endeudamiento deben incluirse, a parte del préstamo hipotecario, todos los préstamos que tengan, algunas entidades incluyen hasta las cuotas de colegios de los niños.

[Ejemplo]

Supongamos que dos personas ganan entre las dos 30.000 € netos/año lo que suponen 2.300 € netos/mes. Si a esta cifra le calculamos el 35% nos sale que estas personas podrán destinar al pago de todos sus préstamos unos 915 €/mes incluida la hipoteca. Si ya están pagando 215 € de un préstamo de un vehículo, les quedan unos 700 €/mes para la hipoteca. Con esta cifra, en cualquier simulador de hipotecas de cualquier entidad, introduciendo los 700 €, los años a los que quieren la hipoteca y el tipo de interés, les dará el importe que tienen para la compra de su vivienda.

Usando el caso anterior, supongamos que tienen 700 € mensuales para pagar su hipoteca y quieren saber cuál es su presupuesto si la quieren pagar a 25-30 o 35 años, suponiendo un tipo de interés del 3%.

- ▸ A 25 años en banco les podría prestar 147.982 €
- ▸ A 30 años el banco les podría prestar 166.447 €
- ▸ A 35 años el banco les podría prestar 182.343 €

Como bien decimos, este es el importe que el banco les podría prestar, si a esta cifra le sumamos el dinero que ustedes podrían aportar, tendrán el presupuesto para comprar su casa.

PRESUPUESTO TOTAL =
Lo que les PRESTA EL BANCO + lo que APORTAN

Estas cifras, se pueden calcular en cualquier simulador de hipotecas que suelen tener todas las entidades en sus páginas web. También pueden usar el método tradicional, es decir, van a la entidad y lo preguntan.

A colación con el ejemplo anterior, diremos que el tiempo al que se suele conceder una hipoteca, es como máximo hasta los 65-70 años del partícipe de menor edad.

[Ejemplo]

Si son dos partícipes uno de 30 años y otro de 35 años, se cogerá el partícipe de menor edad y se le resta 65 años, es decir, se le podría conceder aproximadamente a 35 años como máximo. En cualquier caso por norma general el plazo de la hipoteca debería estar entre los 25 y los 30 años.

6.2.3. Cosas a tener en cuenta en nuestra hipoteca

A parte de lo que ya he comentado, a la hora de solicitar el préstamo hipotecario, deben tener en cuenta algunas consideraciones que paso a describir.

La primera de ellas, es que para que les financien su vivienda y les puedan dar el importe que necesitan para ella, tienen que conocer el valor real de la misma. Esto se hace solicitando una tasación del inmueble, bueno ustedes no, lo hace la entidad que previamente ha realizado el análisis anterior en el que les indican, cuál es su capacidad de endeudamiento, y una vez conocido, y habiendo encontrado una vivienda que se ajuste a su presupuesto, entonces la entidad sigue preparando la operación.

Para no incurrir en gastos innecesarios, se le puede plantear a la entidad que les realice una pre-tasación del inmueble, para conocer aproximadamente el valor del mismo. Esto es una práctica habitual, puede o no tener coste, pero no suele ser más de 60 € y les puede ser de utilidad, ya que si el valor no se ajusta al presupuesto que manejan, habrán perdido 60 € pero no el coste total del valor de una tasación.

El pecio de una tasación está en función del tipo de inmueble y del valor del mismo. Por ejemplo, no es lo mismo tasar un piso en una zona urbana, que una finca en un paraje. En cualquier caso, nosotros vamos a tomar como referencia un piso con un valor de 200.000 €, en este caso la tasación puede rondar entre los 300 € - 500 €, depende de la empresa de tasación, pero la mayoría estaría entre estos precios.

Si finalmente han realizado la pre-tasación, y la valoración se ajusta a lo que necesitan, la entidad solicitará en firme la tasación.

Tienen que tener en cuenta, que la entidad normalmente, a día de hoy, les va a financiar aproximadamente, el 80% del valor de tasación para la vivienda habitual o primera vivienda, es decir, si les tasan la vivienda en 200.000 €, la entidad les prestará el 80% de 200.000 € que son 160.000 €. Si el precio de venta de la vivienda es de 180.000 €, tienen que poner los 20.000 € que faltan o plantear la operación con más garantías, normalmente estamos hablando de avalistas.

6.2.4. Avalistas: esos incautos

Voy a intentar explicar este punto, de una forma clara y sencilla. El avalista es una persona o varias que se ponen de garantía en el préstamo y si los titulares no pagan, entonces la entidad les reclama el pago a ellos.

Algo que jamás deben hacer los avalistas, es avalar la operación con sus viviendas libres de cargas, es decir, el avalista debe avalar de forma personal con su nómina, pensión o con cualquier tipo de ingresos, pero en ningún caso, poniendo su vivienda a disposición de la entidad, esto es conocido como "doble garantía". De no ser así, si los titulares no pagan, se pueden quedar sin casa, tanto los titulares como los avalistas. Es preferible que los titulares no realicen el préstamo y que busquen algo que se ajuste a su presupuesto, si no, luego vienen las madres mías.

Lo dicho señores avalistas, si sus hijos a los que quieren muchísimo, les piden que les avalen porque les ha dicho el banco que si avalan les dan el préstamo, les pueden decir que sí, teniendo en cuenta que su vivienda no entra en la operación y que en cualquier caso ustedes avalan por el exceso de financiación del 80%.

Explico esto del exceso de financiación. Tomando el caso anterior, si les van a financiar el 90% con avalistas y el 80% sin ellos, los avalistas deben de pedirle a la entidad, que ellos avalan por el 10% que excede del 80%, no por la totalidad. Esta condición queda reflejada en la escritura realizada ante notario. De esta forma, cuando el préstamo llegue al 80% los avalistas saldrían de la operación.

Otro tema, sería que la entidad les diga, que no les da el préstamo a los nenes, si no avalan el 100% del préstamo. En este caso hagan lo que ustedes quieran, pero tengan en cuenta que serán avalistas toda la vida del préstamo. Si son 30 años, pues ustedes avalarán los 30 añazos del préstamo, y además normalmente no podrán ser avalistas en otra operación, por ejemplo de otro hijo/a.

En ocasiones, es preferible alquilar una vivienda y cuando llegue el momento comprar, que no meterse en un mal préstamo que les puede arruinar la vida a los titulares y a los avalistas. Es un precio muy caro por tener una vivienda en propiedad, habiendo otras opciones.

....

6.2.5. Comisiones de un préstamo hipotecario

Las comisiones de un préstamo hipotecario, son similares a las de un préstamo personal y que ahora paso a describir.

▸ **Comisión de apertura**: esta comisión se aplica al formalizar el préstamo, es decir, después de firmar la pena de 30 años en la notaría, el director o directora les da la enhorabuena por la compra de la vivienda, yo, como director nunca la di, me parecía que darle la enhorabuena a unos señores que se habían endeudado para toda su vida por comprar un 3º sin ascensor por 180.000 €, hubiese sido un acto de hipocresía que no estaba dispuesto a realizar. Eso sí, estaba muy céntrico.

Volviendo al tema, como digo, la comisión de apertura la cobran en el momento de realizar la operación. Suele estar entre 0,5% y 1,5% del préstamo. Si el préstamo es de 200.000 € y les cobran un 1% de comisión, le están pagando al banco 2.000 € de rejón, para empezar a hablar.

▸ **Comisión de estudio:** como en el caso de los préstamos personales suele rondar entre el 0,25-0,5%, aunque no se suele cobrar. Esta comisión se justifica por la gestión que les hace el empleado de la entidad para que les concedan el préstamo, como si eso no fuese en el sueldo. Por eso no se suele cobrar, pero todo llegará.

▸ **Comisión de cancelación/amortización parcial:** se la cobran cuando quieren anticipar el pago de la hipoteca, es decir, les tocan los ciegos y quieren quitarse una parte de la hipoteca. Normalmente está entre 0,5 y el 1%, y siempre suele haber un mínimo para amortizar, suele rondar el 5%, es decir, si les quedan 100.000 € de préstamo tendrán que amortizar al menos 5.000 € a los que tienen que sumar la comisión, si es del 1% pues 50 € más.

En algunas entidades, hay un porcentaje exento, es decir les dejan cancelar/amortizar parcialmente por ejemplo el 20% del capital pendiente a 31 de diciembre del año anterior. Esta es una buena opción, ya que en pocos casos se puede cancelar más porcentaje, pero todo es posible, de hecho, hay personas en este país con vivienda y sin hipoteca.

Una cosa muy importante, cuando realizan una cancelación parcial, es elegir entre reducir el plazo de la hipoteca o mantener el plazo y reducir la cuota. Financieramente, es preferible reducir el plazo, así pagaran menos intereses, pero si su situación es algo delicada y lo que quieren es aliviar la cuota, entonces le dirán a la entidad que quieren reducir la cuota manteniendo el plazo del préstamo.

▸ **Comisión por cancelación total, o desestimiento:** Es la comisión que les cobran al pagar el préstamo antes de tiempo y cancelarlo. Esta comisión está regulada por ley, se lo expongo gráficamente, que lo entenderán mejor.

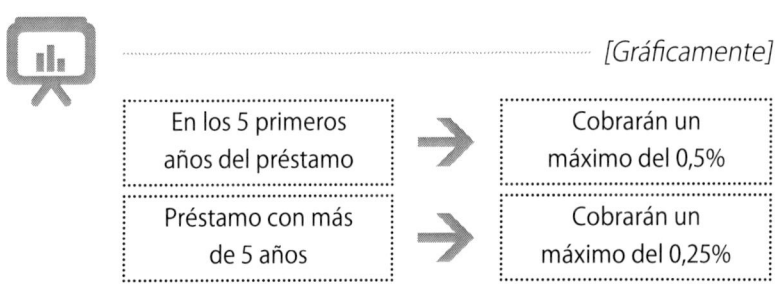

[Gráficamente]

| En los 5 primeros años del préstamo | → | Cobrarán un máximo del 0,5% |
| Préstamo con más de 5 años | → | Cobrarán un máximo del 0,25% |

Como pueden comprobar, estamos hablando de máximos, es decir, su entidad les puede cobrar esta comisión o condonársela. Les aconsejo que la negocien cuando soliciten el préstamo, así quedará reflejado en la escritura del mismo. Si no lo hicieron en su momento, siempre pueden intentar negociarla con la entidad cuando llegue el momento de cancelar. Normalmente, les podrán hacer una gracia, salvo que den con un empleado de banca un poco especial, o simplemente la entidad no les deje condonar nada.

▸ Otra comisión que no es propiamente del funcionamiento normal de la hipoteca, es la que ya comentamos al principio, **comisión por pagar tarde la hipoteca**, esta ya la explicamos en su momento y sólo quería hacer referencia a ella. Para que no se les olvide, tengan en cuenta, que pagar sistemáticamente tarde un préstamo les puede costar, a parte de los intereses de demora, entre 300 y 400 € al año, que no es moco de pavo.

Existen más variables que pueden hacer que se encarezca el préstamo, pero éstas no están dentro del funcionamiento normal de una hipoteca.

Lo que tienen que tener claro, es que si no pagan en la fecha establecida en la escritura, les cobrarán la comisión por reclamación del pago y por supuesto, los intereses de demora aplicados a los días de retraso que lleven. Así que, dentro de lo posible intenten pagar la hipoteca en su fecha, les saldrá mucho más barato.

CLÁUSULA SUELO: NO GRACIAS

La cláusula suelo se ha puesto de moda en los últimos tiempos, sobre todo desde que una sentencia del Tribunal Supremo la anulaba y algunas entidades tuvieron que eliminarlas de sus hipotecas.

Esta cláusula dice ni más ni menos lo siguiente:

Su hipoteca, que normalmente es de tipo variable y toma como referencia el conocido EURIBOR, podrá subir todo lo que suba el EURIBOR, pero no bajará todo lo que baje éste, a la bajada, la entidad le pone un condicionante o límite el cuál no puede rebasar.

Tienen una hipoteca firmada al Euribor + 1,25%.

▸ **Si el Euribor tiene un valor del 3% hay que sumarle 1,25% y el resultado es que pagan un interés del 4,25%**

▸ **Si el Euribor tiene un valor del 1% y le sumamos 1,25% y resulta un interés del 2,25%.**

Es en el segundo caso, cuando se dan cuenta de la cláusula suelo, ya que ésta suele tener un valor de entre un 3% - 4%. Cuando el interés que deberían pagar es del 2,25% y sin embargo debido a esta cláusula están pagando el 3% - 4% según sea el valor de la cláusula suelo.

Les recomiendo que negocien con su banco que les retiren la cláusula suelo, de esta forma, su cuota se verá reducida considerablemente, es más, lo que deben hacer es solicitarle a su banco que les devuelvan los intereses que les han cobrado de más, desde que el Tribunal Supremo dictó la sentencia que eliminaba la cláusula suelo. Pónganse en contacto con su abogado y les aseguro que les saldrá rentable el ahorro.

6.2.6. Y si no puedo pagar mi hipoteca... ¿que?

Lo primero que hay que aclarar, aunque no sería necesario, es que el 99% de las personas que no pagan la hipoteca de su vivienda habitual, es sencillamente porque no pueden. Es cierto que existe un 1% que no la pagan y luego los ves en conductas no muy propias de personas que no pueden pagar su hipoteca.

He realizado la salvedad de "vivienda habitual" porque en ocasiones, hablamos de segundas o terceras viviendas que a veces son un lastre para sus dueños, y lo que quieren es dar la vivienda y que les condonen la deuda, ya que el esfuerzo para pagarla es mucho mayor, que lo que la vivienda les puede reportar, aún pudiéndolo hacer.

He de decir, que nadie quiere deshacerse de una vivienda aunque no sea la habitual. Aunque, cuando a esta no se le da mucho uso y quizás no se aportó una entrada, ya que se financió prácticamente el 100%, puede ser una solución para aliviar una economía familiar, el dar por perdida la vivienda y quitarse la deuda de encima.

ALGUNAS PROPUESTAS

A la hora de plantear la imposibilidad de pagar la hipoteca, dependen del banco que se la concedió en su día, ya que su posición negociadora, es de debilidad frente al banco, pero si tienen voluntad y una mínima posibilidad de pagarla siempre se pueden aplicar soluciones intermedias, que ahora paso a explicar:

▸ **Ampliación del plazo de la hipoteca:** simplemente hablamos de realizar una modificación en el préstamo e intentar ampliar el plazo de la misma, siempre que se pueda, ya que, si en su día se la concedieron al máximo plazo posible, ya no hay pie a realizar ampliación. Por este motivo, les comentaba que hay que intentar firmar las hipotecas entre 25 y 30 años, de esta forma para personas que ronden los 30 años, tendrán unos años de margen hasta los 65-70 años de tope para poder ampliarla.

[Ejemplo]

Una hipoteca concedida a dos titulares siendo el menor de ellos de 32 años y habiendo pasado tres años desde su concesión, si la firmaron a 25 años y el tope para pagar es de 70 años, podrían ampliarla 10 años.

▸ 120.000 € al 3% a 25 años (300 meses) → cuota de 567 €
▸ 120.000 € al 3% a 35 años (420 meses) → cuota de 460 €

*Reducimos la cuota en **107 €/mes**, **1.284 €/año**, está claro que no es para tirar cohetes, pero es un primer paso.*

▸ **Carencia de capital o intereses:** La carencia es un periodo en el que no pagarían capital o intereses o ambas, es decir, planteamos un periodo de espera que suele estar entre los 12-24 meses en los que sólo pagarían capital, o sólo intereses, o en el mejor de los casos, paralizarían la hipoteca y podrían estar sin pagarla durante ese tiempo.

Esta medida, es únicamente si su situación económica prevén que mejore en ese plazo, es una forma de ganar tiempo. Esta opción, se usó al inicio de la crisis, pero se quedó corta, ya que en los siete años de crisis que hemos vivido, el pararla durante dos años era un respiro momentáneo, pero al final, había que dejar la vivienda, aunque claro, como esta crisis era "una pequeña desaceleración", pues eso.

No se equivoquen, los intereses que no se pagan ahora, se suman al montante de la hipoteca y se pagarán cuando la hipoteca funcione otra vez de forma normal, es decir, la cuota se incrementará. La banca, como cualquier otra empresa, no regala nada.

▸ **Ampliación de plazo y carencia de interés, de capital o ambas:** esta solución es un mix de las dos anteriores, desde luego si se puede hacer, es realmente buena solución, ya que les permite estar sin pagar la hipoteca durante un tiempo y ampliando el plazo podrían incluso pagar menos cuota cuando vuelvan a la situación normal del pago de la hipoteca.

▸ **La dación en pago:** eso que a muchos se les llena la boca pidiendo que se cambie la ley para poder realizarla, pero que no saben muy bien en qué consiste, si lo supieran no pedirían que se modifique ninguna ley, si no que se aplicase un poco de sentido común y se le añadiese una pizca de humanidad, cosas que son más excepcionales de las que cabría desear.

Lo explico para que quede claro con mi experiencia personal. A mediados del 2008 la crisis era una evidencia clarísima, a pesar de que desde el gobierno de turno insistían en que esto sólo era una desaceleración, les aseguro que los que estábamos en el sistema financiero en aquella época, sabíamos que esto era el principio de una caída libre, pero bueno ni el gobierno, ni sus cientos de asesores, supieron actuar ni estar a la altura de las circunstancias. También cabe la posibilidad de que lo supieran y simplemente ejercieran su derecho a mentir al pueblo español. Este es un ejercicio muy extendido, parece que se da en primero de política para sinvergüenzas. Y como vemos, se extiende a lo largo y ancho del panorama político español, menos mal que ha llegado el vellocino de oro que no miente y además nos va a poner una paguita a todos y nos vamos a jubilar a los 60... a no, que eso era si se podía, pero va a ser que no. Como ven unos llevan 40 años mintiendo y otros empiezan ahora.

Después de esta disertación política, voy a explicar en qué consiste la dación en pago. Como les he dicho, en el primer semestre de 2008 empezamos a realizar las primeras daciones en pago. Personalmente firme muchas de ellas y efectivamente la entidad les recompraba la vivienda a sus propietarios y les condonaba la deuda.

Posteriormente, conforme iba pasando el tiempo y las viviendas bajando su precio cada vez más, las entidades hacían las daciones siempre que no hubiese mucha diferencia entre el valor de tasación pasado, cuando hicieron la hipoteca, y el actual. Se empezaron a realizar daciones con un 10-15% de pérdida con respecto al valor tasado inicial y se fue incrementando conforme bajaba el precio de la vivienda, hasta hacer operaciones con una pérdida de entre el 35-45%. Llegados a este punto, las entidades empezaron a realizar daciones parciales, es decir, se quedaban con la vivienda pero el dueño todavía se quedaba con una deuda que tenía que pagar.

Fue en ese momento cuando empezaron a surgir las plataformas populares STOP-DESAHUCIOS , iniciativa que me parece muy bien, pero tenemos que saber de lo que hablamos. Daciones se estuvieron haciendo mientras que las pérdidas eran sostenibles, una vez que los valores de las viviendas bajaban un 40-50% del valor de tasación inicial, las entidades ya no querían realizarlas, o bien las hacían quedándose el hipotecado sin vivienda y encima, con parte de la deuda. Es en este momento, dónde si sería sensato pedir una modificación de la ley hipotecaria que limitase el pago de la deuda al bien que se hipoteco, ya que el ciudadano, no tiene ninguna culpa de que en su día se sobrevalorara su vivienda y que tres años después su vivienda se valorase por la mitad de lo que se tasó tres años antes. No es de recibo que el bien hipotecado no cubra las posibles pérdidas derivadas del impago del préstamo que pesa sobre el inmueble.

Para concluir con este apartado de las hipotecas y el pago de las mismas, les aconsejo que se hipotequen en la medida de sus posibilidades, teniendo claro su nivel de endeudamiento, intenten hacerlo solos, sin avalistas, salvo que no les quede más remedio y los avalistas sepan donde se meten, si tienen algún problema de pago, intenten negociar con la entidad alguna de las opciones que les he comentado. Si a pesar de todo, no llegan a un acuerdo o simplemente no pueden pagar su hipoteca, no se preocupen en exceso, está claro que es una putada, pero, es preferible perder una casa en un momento que no intentar salvarla a toda costa y al final perder la casa, la familia y su salud, que es lo más importante. Una casa se puede volver a comprar, sus vidas si las hipotecan, ya no las recuperarán. Además nadie va a la cárcel por no pagar una hipoteca.

6.2.7. Quiero cancelar mi hipoteca: ¿qué hacer?

La cancelación de la hipoteca se puede dar por dos razones, bien, por que tengan el dinero y quieran anticipar el pago, o bien, porque simplemente hayan pasado los años a los que la firmaron y finalice la misma.

Para cualquiera de esos casos el procedimiento para cancelarla es el mismo y ahora se lo paso a explicar.

▸ Lo primero, es solicitar un documento de cancelación en el que se refleje que la hipoteca que tenía su vivienda, está cancelada económicamente. El banco ya sabe lo que debe incluir ese certificado y que tiene que hacer referencia a la vivienda incluyendo los datos registrales de la misma.

▸ Segundo, con este certificado tienen que ir a la notaría, si puede ser en la misma que la firmaron, mejor, ya que tendrán copia de la escritura de la hipoteca, si no es en la misma notaría deberán llevar copia de la escritura del préstamo que firmaron en su día a la nueva notaría. Con este certificado y con la copia del préstamo, la notaría le hará la escritura de cancelación.

95

▸ Tercero, la notaría cuando tenga la escritura de cancelación realizada y firmada por un apoderado de la entidad en la que tenían la hipoteca, les llamará para que retiren la escritura de cancelación, previo pago de la misma.

▸ Cuarto, deben llevar la escritura de cancelación al Registro de la Propiedad para realizar la inscripción de la misma y así quede reflejada la cancelación. El Registro tardará unas semanas en inscribirla, en ocasiones les pueden pedir que paguen por adelantado la inscripción en el Registro, si no, tendrán que pagarla cuando les llamen para decirles que ya está registrada y que pueden pasar a recoger su escritura y su Nota Simple de la finca, en la que dirá que su vivienda está libre de cargas.

Todo este proceso como han comprobado tiene un coste, hay que pagar desde el certificado del banco, la Notaría y el Registro, el total puede variar pero preparen entre 500 € - 1.000 €.

Después de todo esto... enhorabuena, hipoteca cancelada.

_07
EL PE-
QUEÑO
COMER-
CIO:
PRESA
FÁCIL

He querido incluir al sector del pequeño comercio ya que normalmente está formado por autónomos y pequeñas empresas, en ocasiones unipersonales que tienen que hacer que sus negocios funcionen todos los días, pagar sus correspondientes impuestos, les vaya bien o no, lidiar con mil historias a diario y encima por si les faltaba algo pues pagar sus respectivas comisiones o similares por los servicios financieros que les prestan.

ADMINISTRACIÓN Y MANTENIMIENTO

Estas comisión ya la conocemos, normalmente si se domicilia el recibo del autónomo o los seguros sociales de algún empleado, sumado a la domiciliación de los recibos de proveedores y poco más, normalmente no la cobrarán. Es posible que nos pidan alguna que paguemos algún impuesto solidario tipo IVA o similar.

COMISIÓN POR OPERACIONES CON DATÁFONOS

Los datáfonos arrojan dos tipos de comisiones, una de ellas es por cada una de las operaciones que realizamos con ellos, es decir, cuando les cobran a sus clientes con sus respectivas tarjetas.

Esta comisión puede variar en función de la entidad, desde un 0,20% hasta un 0,8% aproximadamente. Si las comparamos con las que se cobraban hacen unos años 2%-3%, no parecen gran cosa, en cualquier caso les voy ha transcribir un Real Decreto que les podrá ser de utilidad.

99

"Disminución de las tasas de intercambio.- El Real Decreto-ley 8/2014, de 4 de julio convalidado como Ley 18/2014, de 15 de octubre, de aprobación de medidas urgentes para el crecimiento, la competitividad y la eficiencia, contiene medidas fiscales y laborales. Se establece la disminución en los límites máximos de las tasas de intercambio en operaciones de pago con tarjeta para converger con las aplicadas en el entorno de la Unión Europea, que se sitúan en el 0,3% en crédito y 0,2% en débito"

Una vez visto este Real Decreto, no hay excusa para que vayan a su entidad a exigir que se cumpla la Ley.

Por otro lado existe otra comisión que es la propia del aparato que nos instalan, es decir, el datáfono, esta comisión puede ser mensual o trimestral y normalmente podremos no pagarla si se hace un número determinado de operación al mes o al trimestre, por ejemplo 20 operaciones al mes, o bien por importe 1000 € al mes. Si se cumple la condición que nos indica la entidad, no cobrarán la comisión.

COMISIÓN POR TENER UN DATÁFONO

Esta comisión la cobran exclusivamente por tener el aparato para cobrar con tarjeta. Normalmente esta comisión no la cobran si se hace un número mínimo de operaciones o un importe mínimo al mes. Por ello recomiendo que no se tengan demasiados datafonos en un comercio. Cada uno debe saber las condiciones para que no cobren y si las puede cumplir. Por lo tanto hay que tener los justos y necesarios. Personalmente recomiendo tener más de uno y a poder ser uno que funcione por red telefónica ADSL y otro con tecnología GPRS por si se va la línea.

COMISIÓN POR GIRAR RECIBOS

Si nuestro negocio es un gimnasio o una academia o similar, tendremos que girar recibos a nuestros abonados y esto normalmente tiene un coste, suele oscilar entre 0,30 € - 1 €. Les recomiendo que ajusten esta comisión ya que si hablamos de un número importante de recibos la comisión se puede encarecer sustancialmente.

Normalmente los recibos los girará por Internet, harán la remesa y la enviarán, en este caso ya que hacen ustedes el trabajo, no se dejen cobrar más de esos 20-30 céntimos por recibo. Sin mínimos, ya que si no llegan al mínimo, les cobrarán un fijo.

CONCLUSIONES PARA EL PEQUEÑO COMERCIO

Como ustedes saben de sobra, el pequeño comercio, pequeña empresa o autónomo no tienen capacidad por si solos de negociar buenas condiciones con las entidades, aunque en ocasiones nos sorprenderíamos.

En cualquier caso una buena opción es pertenecer a una asociación de comerciantes o federación que pueda negociar unas condiciones ventajosas para todos los comercios asociados. Se trata de un acuerdo de máximos, es decir, con la entidad se negocia el máximo que se puede cobrar a los integrantes de la asociación. A partir de ese máximo cada asociado puede negociar sus condiciones particulares, pero al menos ya parte de un mejor precio y además avalado de un convenio firmado por ambas partes.

Sobre el pequeño comercio podría escribir otro manual, ya que llevo treinta años vinculado al mismo. Esto será en otro momento.

_08
PARA
LOS QUE
TIENEN
DINERO

En este punto, les voy a explicar de una forma muy básica que pueden hacer las personas que tienen dinero ahorrado y que no saben muy bien qué hacer con él. Al principio de este manual hice una pequeña clasificación de clientes en función del dinero que tuviesen, recordarán que había una segmentación de clientes que estaba entre los 50.000-500.000 €, es para este colectivo para el que este punto puede ser de utilidad.

CONTEXTO ACTUAL

Brevemente comentarles, en qué momento nos encontramos actualmente. Como saben, estamos en un momento en el que los tipos de interés se acercan al 0%, es decir, que para plazos fijos sin más, les ofrecerán entre un 0,5-1% en el mejor de los casos. Existen ofertas que les dicen que les ofrecen un 4-5% TAE, pero durante 2 o 3 meses y siempre asociados a domiciliar la nómina durante 18-24 meses o cualquier otro producto.

Lo que les quiero decir, es que los tipos de interés van a seguir bajos una temporada, así que si quieren sacar algo de rentabilidad a sus ahorros, tendrán que pensar en otras opciones.

8.1. ¡¡DOCTOR!! ¿QUÉ HAGO CON MI DINERO?

Voy a comentarles algunos productos bancarios de forma general en los que pueden invertir. Lo primero, es tener claro donde se meten y por supuesto leer el contrato que les presentan preguntando todo lo que no entiendan, aunque lo que siempre tienen que tener claro son estos puntos.

▸ **Plazo al que ponen el dinero** (6, 12, 18... meses/años, etc.).

▸ **Interés que les van a pagar, es decir, los euros que van a reci-bir y cuando.**

▸ **Si pueden disponer de su dinero en cualquier momento o bajo qué condiciones.**

Estos puntos deben estar clarísimos y los tienen que identificar en el contrato de forma clara e inequívoca, si alguno de estos punto no se refleja claramente en el contrato, no lo firmen hasta que no esté aclarado. No se preocupen por parecer tontos, tonto no es el que pregunta, tonto es el que firma sin preguntar. La palabra no es tonto, es confiado, pues eso, no sean confiados.

8.1.1. Plazos fijos

Este es el producto por excelencia del ahorrador medio, aun así, voy a comentarles algunas consideraciones al respecto.

Al hacer un plazo fijo, tienen que tener claro los tres puntos anteriormente descritos, plazo, interés a recibir y cuando lo reciben (mensual, trimestral o a vencimiento del plazo) y posibilidad de rescate del dinero antes de su vencimiento.

En cuanto al plazo, está claro, a 6 meses a 12 meses o a 18, suelen ser las opciones más comunes, tengan en cuenta que no es lo mismo que les digan que les van a pagar un 2% TAE a 12 meses que ese mismo 2% TAE a 18 meses, es por este motivo y porque ustedes no tienen que conocer la matemática financiera de la operación, que les aconsejo que pregunten el dinero a recibir y en que plazo.

- Plazo de 10.000 € a 12 meses al 2% le dan 200 € brutos/año.
- Plazo de 10.000 € a 18 meses al 2% le dan 200 € brutos/18 meses.

Como ven, les dan el mismo importe, pero uno en 12 meses y el otro en 18 meses, el concepto temporal hay que tenerlo en cuenta. Por supuesto a estos intereses hay que hacerle la retención fiscal que aplicando la nueva reforma fiscal sería del 20% de los intereses, es decir, 40 €, por lo que recibirían 160 € netos al año.

Por lo general, si a ustedes no les hace falta el dinero, y negocian el pago de intereses a vencimiento del plazo en vez de que se lo paguen mes a mes, podrán obtener un mejor tipo de interés. Sobre todo si existe la perspectiva de que puedan subir los intereses en ese plazo.

En lo referente al rescate, normalmente se puede rescatar sin problemas, el tema es que tienen una penalización por hacerlo antes de la finalización del mismo. Es esta penalización la que tienen que tener en clara para que luego no se lleven una sorpresa.

Si el empleado de banca le dice de palabra que lo puede rescatar cuando quiera sin penalización, pídanle que le digan donde esta esa cláusula en el contrato, si le contestan que es un contrato estándar pero que ellos le quitarán la comisión llegado el momento, simplemente no le crean, es posible que el empleado de banca crea poder hacerlo pero cuando llega el momento, a veces podrán y otras no. Las condiciones en cuanto a bonificación de comisiones pueden haber cambiado cuando tengan que rescatar el plazo y quizás en ese momento el empleado de banca, muy a su pesar, no pueda bonificarle la susodicha comisión.

Si no lo pone en el contrato, entonces, que anexen la cláusula diciendo las condiciones del rescate, si no lo pueden hacer, entonces la decisión es suya, si se fían del interlocutor, perfecto, si no, no lo firmen.

Para hacer honor a la verdad, esta penalización se suele poder condonar, si ya se lo han hecho en alguna ocasión, pues adelante, si es la primera vez, lo que ustedes vean.

8.1.2. Depósitos garantizados, estructurados o referenciados

Estos productos, son ni más ni menos que unos depósitos que están referenciados a valores o índices de bolsa, como por ejemplo el IBEX-35, o a la evolución de una divisa, por ejemplo, el mismo euro, o a cualquier cosa que se nos ocurra, deuda pública por ejemplo.

Estos depósitos están garantizados al 100% de su capital y suelen ser a un plazo entre 18 y 36 meses, no pudiéndose rescatar antes, salvo cuando se cumplan las condiciones para hacerlo, o simplemente hasta el vencimiento del depósito.

[Ejemplo]

Un cliente pone 10.000 € en un depósito referenciado a la evolución del IBEX-35. El plazo es a 24 meses (2 años) y está garantizado el 100% del capital, pero no está garantizada la ganancia, es decir, pueden pasar los 24 meses y simplemente rescatan su dinero y se van a su casa. Pueden pasar dos cosas:

1. *Que el IBEX suba un 10% en esos dos años, llegado el momento recogerán sus 10.000 € y 1.000 € de intereses.*

2. *Que el IBEX pasado ese tiempo el IBEX no sube, o simplemente baja un 10%, en este caso pasados los 24 meses recogen su dinero y un 0% de rentabilidad.*

Lo complicamos un poco: *les pueden decir, que si pasado el primer año el IBEX sube un 10%, tienen la opción de coger su dinero y la revalorización, es decir, los 10.000 más los 1.000 de interés y llevarse el dinero, pero que si no se da la condición de que suba ese 10% entonces lo tienen que dejar otro año, a ver si sube o no. Si sube, pues a los 2 años recogen el dinero y los intereses y si no sólo recogen el dinero invertido.*

La opción de recoger el dinero al año, si se da la condición del incremento del IBEX, puede darse de forma automática y en otras hay que estar pendiente, ya que la entidad deja lo que se denominan "ventanas de liquidez" que es un periodo de varios días en los que si se da la condición podrán rescatar su dinero, pero si no dan la orden y se les pasa ese periodo de rescate, se pasarán otro año con el dinero inmovilizado y con la posibilidad de que cuando lo rescaten no tengan intereses a su favor, si el IBEX ha bajado.

Como les digo, este tipo de producto suele estar garantizado al 100% y también se puede referenciar a valores de bolsa y dependiendo de su evolución tendrán intereses a su favor o no.

 .... *[Ejemplo]*

Ejemplo con acciones: *Digamos que el depósito que ha contratado está referenciado a cinco valores de la bolsa, puede ser española o de cualquier otra bolsa del mundo. El depósito es a 36 meses y anualmente si se da la condición de que todos los valores se incrementen un 10%, a ustedes les pagan un 5% y pueden rescatarlo.*

En estos casos suelen condicionar el rescate a que los cinco valores o al menos cuatro de ellos tengan un incremento en bolsa de un porcentaje .Por ejemplo, un 10% en un año. Si este caso se da, recogen el dinero y un 5% de interés, efectivamente no tiene que coincidir el incremento de las acciones con lo que les darán por que se de esa condición.

Si no se da, entonces pasan al segundo año, y esos valores tienen que incrementarse otro 10%, si se da la condición ganaran el 5% del primer año más otro 5% del segundo, está muy bien un 10% es una pasada.

 Pero puede pasar que no se cumpla la condición y que haya que esperar al tercer año, pues lo mismo, si se da la condición rescatan el dinero y un 5%

del primer año más otro 5% del segundo más otro 5% del tercero, sería estupendo, casi en cualquier escenario, ya que en tres años han conseguido mantener su dinero y un 15% de revalorización. Está bien, aunque puede ser que esos valores hayan subido un 50% en tres años, por lo que han dejado de ganar un 35% si hubiesen invertido directamente en ellos.

La peor opción, es que pasen los tres años y que no se de la condición, entonces rescatan su dinero 10.000 €, pero no ganan ni un euro de intereses. Esta es la parte que no se suele decir a los clientes.

En cualquier caso, este tipo de productos está pensado para clientes, que no saben operar en bolsa, pero que quieren probar a ver si su dinero les renta más que un simple pazo fijo, lo único que les puede pasar es que no ganen nada.

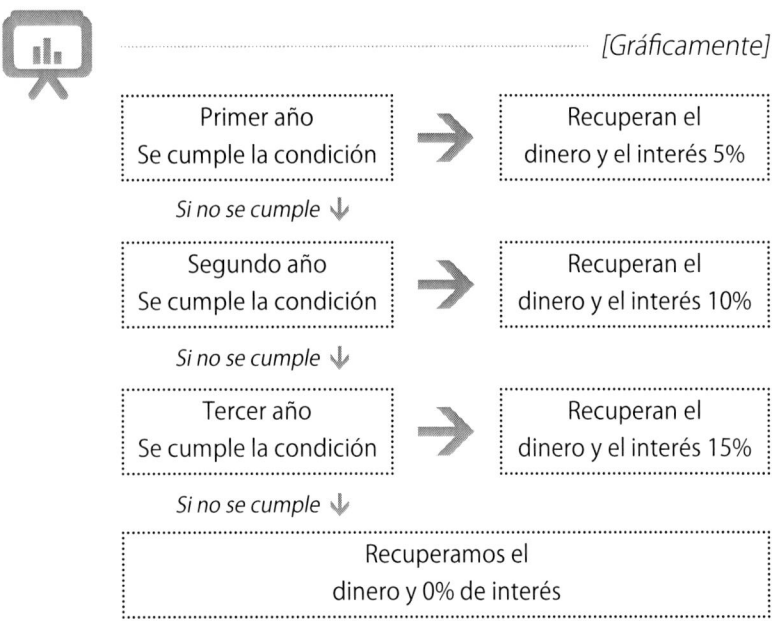

[Gráficamente]

| Primer año
Se cumple la condición | → | Recuperan el
dinero y el interés 5% |

Si no se cumple ↓

| Segundo año
Se cumple la condición | → | Recuperan el
dinero y el interés 10% |

Si no se cumple ↓

| Tercer año
Se cumple la condición | → | Recuperan el
dinero y el interés 15% |

Si no se cumple ↓

Recuperamos el
dinero y 0% de interés

Este producto lo podemos complicar más, de hecho es algo más complicado, pero si esto les queda claro, tendrán los conocimientos suficientes para poder entender este tipo de depósitos y al menos saber donde se meten.

8.1.3. Depósitos combinados

Esta modalidad de depósitos, es aquella que combina dos tipos de inversión. Les explico, estos depósitos suelen tener dos formas de inversión en el mismo producto. Un porcentaje de la inversión es un plazo fijo normal con una rentabilidad fijada y la otra parte de la inversión puede ir referenciada a un valor de bolsa, o a un índice como el IBEX.

[Ejemplo]

Tienen 100.000 €, y les plantean poner 80.000 € al 1,5% a un año y los otros 20.000 € a referenciado al IBEX, si el índice sube ustedes ganan y si baja pueden pasar dos cosas, bien que pierdan dinero, o bien si es un depósito garantizado que se queden como estaban. Ganarían el 1,5% de los 80.000 € y nada en los otros 20.000 €.

8.1.4. Fondos de inversión

Los fondos de inversión, o como se conocen desde 2005 en banca, como Instituciones de Inversión Colectiva (IIC) , aunque para entendernos les llamaremos directamente "Fondos", o en su defecto con el apellido "de Inversión" tiene la siguiente definición.

La definición formal de fondo de inversión es la siguiente:

"Serán considerados Instrumentos de Inversión Colectica (ICC) aquellos que tienen por objeto la captación de fondos, bienes o derechos del público para gestionarlos e invertirlos en bienes, derechos, valores u otros instrumentos, financieros o no, siempre que el rendimiento del inversor se establezca en función de los resultados colectivos"

La definición para entendernos:

Unas personas montan una especie de Gestora que se dedica a conseguir dinero de unos inversores y a su vez estas personas invierten este dinero donde consideran oportuno, para darles una rentabilidad a los inversores y ellos cobrar unas comisiones por su gestión.

TIPOS DE FONDOS DE INVERSIÓN

En este apartado, únicamente decirles que existen muchos tipos de fondos en función de una serie de variables, en las que no voy a entrar, solo se las voy a enunciar para que les suenen.

‣ Según el destino dado a los beneficios del fondo: **de capitalización o de reparto**.

‣ Según el número de partícipes y patrimonio: **generales y especiales**.

‣ Según su estructura jurídica: **Fondos o Sociedades de Inversión**.

‣ Según los activos en los que inviertan: **financieros o no financieros**.

Dentro de esta clasificación, existe miles de fondos, en función de dónde y cómo inviertan. Les recomiendo que si quieren invertir en un fondo soliciten a quien se lo quiera vender, toda la información necesaria sobre el fondo, sobre dónde invierte y sobre las comisiones, que describiremos a continuación.

COMISIONES DE LOS FONDOS DE INVERSIÓN

Como pueden imaginar, los fondos como cualquier producto financiero tiene comisiones, ahora se las describo brevemente y les comento los límites legales de las mismas.

‣ **Comisión de Gestión:** esta comisión la cobra la sociedad gestora del fondo, por la prestación de sus servicios. Se puede fijar en base al patrimonio del fondo o de los rendimientos obtenidos, o un mix de las dos.

- En base al patrimonio (2,25% - 1%) del importe contratado en el fondo.

- En base a resultados (10% - 18%) del importe de los beneficios.

- Mixto (0,67% - 1,35%) en base al patrimonio invertido en el fondo y entre (3,33% - 9%) del importe de los beneficios.

- **Comisión de Depositaria o Custodia:** La cobra la entidad depositaria del fondo, es decir, la entidad financiera de turno. Esta comisión está entre el 0,15% - 0,20%

- **Comisión de suscripción:** Es la comisión que les cobran cuando compran participaciones de un fondo. Entre el (1% - 5%)

- **Comisión de reembolso:** Es la comisión que les cobran cuando venden participaciones del fondo. Entre el (1% - 5%)

Esta variación en las comisiones depende sobre todo del tipo de fondo que estén contratando, no se trata de aprenderlas, simplemente deben saber que existen comisiones en los fondos y cuáles son. Como comprenderán estas comisiones son más complicadas de quitarlas, ya que no dependen directamente de la entidad financiera. Con la excepción de la comisión por depositaria, normalmente estas comisiones sólo se negocian para cantidades importantes de dinero.

INTERVINIENTES DE LOS FONDOS

- Los inversores de un fondo se les denominan "partícipes".

- La unidad de inversión es la "participación"

- El valor de cada participación se denomina "valor liquidativo"

- Tenemos unos inversores "partícipes" que invierten en un fondo y tienen" participaciones" del mismo.

- Tenemos una Sociedad Gestora que es la que invierte en dinero que les dejan partícipes y el que ejerce las funciones de administración y representación.

- Los fondos se comercializan por medio de una entidad financiera (banco), a la que denominamos "depositaria".

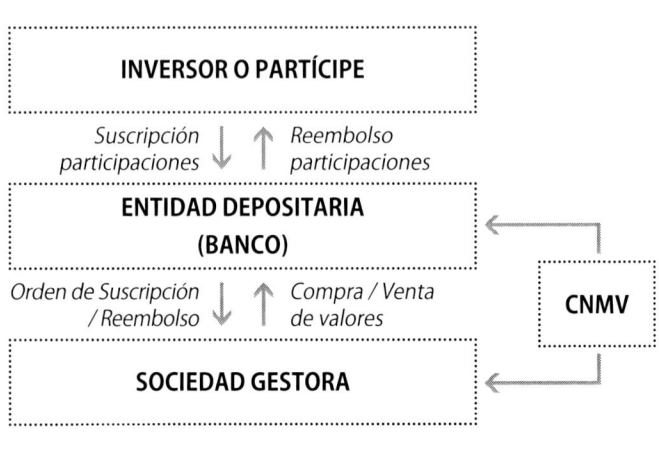

En el gráfico, vemos los intervinientes de un fondo, podemos observar como el inversor o partícipe da una orden de compra(suscripción) o venta(reembolso), a su banco y este a su vez envía esa orden a la sociedad gestora que la ejecuta y la informa al banco y este al cliente final (partícipe).

VENTAJAS DE LOS FONDOS DE INVERSIÓN

> ‣ El ahorrador puede acceder a una cartera de inversión que normalmente de forma individual no podría acceder.

> ‣ Las decisiones de dónde invertir las toma la sociedad gestora que cuenta con personas, que conocen los mercados mejor que los inversores.

> ‣ Al gestionar grandes volúmenes de inversión, se pueden obtener mejores rentabilidades y menores costes de transacción.

> ‣ El inversor paga por estos servicios unas comisiones, detalladas en el fondo que están limitadas por ley.

DERECHOS DE LOS CLIENTES: "PARTÍCIPES" DE UN FONDO

- ▸ Solicitar y obtener el reembolso de sus participaciones, es decir, de su inversión.

- ▸ Solicitar y obtener el traspaso de sus participaciones, a otra entidad.

- ▸ Obtener información sobre el fondo, valor de las participaciones y la posición del partícipe en el fondo.

- ▸ Pedir responsabilidades a la Sociedad Gestora y a la entidad depositaria.

- ▸ Poner reclamaciones al departamento de atención al cliente.

Creo que si tienen claro este punto de los fondos de inversión, estan listos para poder ir a su entidad financiera y preguntar por los tipos de fondos que tienen, acotando la búsqueda del fondo a su aversión al riesgo , a la rentabilidad esperada y al plazo que quieren mantener la inversión.

8.1.5. Planes de pensiones

Los planes de pensiones son considerados como el mejor producto para ahorrar y complementar en un futuro sus pensiones (en el caso de que las tengan). Como en los fondos de inversión aquí también tienen que tener claros los intervinientes en un plan de pensiones. Son los siguientes:

- ▸ **Promotor**
- ▸ **Partícipes**
- ▸ **Beneficiarios**

El promotor de un Plan de Pensiones, no es ni más ni menos, que quien lo promueve, es decir, cualquier sociedad, corporación, empresa, asociación, sindicato, o cualquier otro tipo de entidad que quiera promover un plan de pensiones.

Los partícipes, son las personas que se acogen al plan y que pueden o no realizar aportaciones al mismo. En el caso de no realizar aportaciones se les denomina "partícipes en suspenso" y en el caso de realizar aportaciones se les denominan "partícipes activos". Para ser partícipe activo de un plan de pensiones y realizar aportaciones hay que estar trabajando o cobrando alguna prestación. Una persona jubilada también puede ser partícipe activo, lo único que pasa es que estas aportaciones se destinarán en su fallecimiento a sus herederos legales o en caso de dependencia a ellos mismos.

Los cónyuges que no trabajen también pueden realizar aportaciones dentro de los límites que contempla la Ley.

Las personas con minusvalía mayor o igual al 65% pueden aportar ellos mismos y recibir aportaciones de familiares hasta tercer grado o de terceras personas que tengan a su cargo a la persona con minusvalía.

Los beneficiarios son aquellas personas físicas que tienen derecho a percibir las prestaciones, hayan sido o no, los partícipes del plan de pensiones, pudiendo ser:

‣ **Beneficiario de vida:** Es la persona que tiene derecho a percibir las prestaciones del plan en vida, es decir, el partícipe del plan.

‣ **Beneficiario de muerte:** Es la persona/s designadas por el partícipe en el momento de suscribir el plan de pensiones. Si no se define ninguna, serán los herederos legales.

TIPOS DE PLAN DE PENSIONES

En este punto voy a explicar muy brevemente los tipos de planes de pensiones, en función de su naturaleza pueden ser.

‣ **Plan de pensiones de empleo:** son los que hacen las empresas para sus empleados y realizan aportaciones para los mismos.

‣ **Plan de pensiones de un sistema asociado:** son los que el promotor es una asociación, un colegio profesional, sindicato, gremio etc. En este caso, la asociación de turno no realiza ningún tipo de aportación a sus asociados, sindicados ni nada de nada.

‣ **Plan de pensiones individual:** tipo Juan Palomo, es decir, el que tiene cualquier persona a título individual, en la que si quiere aporta, y si no pues no.

114

Los planes de pensiones al igual de los fondos de inversión lo que hacen es invertir las aportaciones de los partícipes en determinados activos financieros, sólo se los enumero.

▸ **Renta fija a corto y largo plazo:** sólo invierten en renta fija.

▸ **Renta fija mixta:** invierten en renta fija y hasta un 30% en renta variable.

▸ **Renta variable mixta:** invierten en renta variable y hasta un 30% en renta fija.

▸ **Renta variable:** invierten mayoritariamente en renta variable.

▸ **Garantizados:** garantizan el 100% del capital, pero no necesariamente una rentabilidad.

No voy a entrar a explicarles lo que la renta fija ni la variable en profundidad, simplemente decirles que la renta fija suele ser letras, bonos y obligaciones y la variable para entendernos invierte en los mercados de valores (bolsa).

Como ya imaginarán, la renta variable tiene más riesgo que la fija, no teniendo riesgo los garantizados.

Mi sugerencia personal es que si se hacen un plan de pensiones a 20 años vista o más, lo contraten al menos de renta fija mixta o variable mixta, a largo plazo la renta variable será más rentable que la fija, sin embargo si contratan un plan de pensiones y lo van a rescatar antes de 5 años, yo preferiría invertir en renta fija o en garantizados. Evidentemente esto depende de la aversión al riesgo que tenga quién lo contrate. Como en todas las inversiones financieras, a mayor riesgo más posibilidad de beneficio y si no se quiere asumir ningún riesgo, ya sabemos que la rentabilidad será mínima.

¿QUIÉN Y CUÁNTO SE PUEDE APORTAR?

Pueden aportar:

▸ **El promotor del plan**, siempre que hablemos de un plan de pensiones de empresa.

▸ **El partícipe de un plan**, cuando le venga bien.

- ▸ **El beneficiario del plan**, en este caso hay que tener en cuenta que estas aportaciones no las podrá percibir el beneficiario por la misma contingencia que causó su actual situación de beneficiario.

A título informativo decirles que también pueden realizar aportaciones, al cónyuge o familiares con un grado de minusvalía, sin necesidad de ser partícipe ni beneficiario del plan.

Cuánto puedo aportar:

En general se podrá aportar la mayor de estas cantidades:

- ▸ **30% de los rendimientos del trabajo o actividades económicas.**
- ▸ **O bien 8.000 €.**

Esta aportación es conjunta entre las aportaciones de la empresas, si las tiene, y las aportaciones a nivel individual, es decir, si la empresa les aporta 2.000 € ustedes sólo pueden aportar 6.000 € más, si su límite son los 8.000 €, si el límite es el 30% de los rendimientos del trabajo, pues se calculará la aportación en función de esos rendimientos.

Podemos realizar aportaciones a favor del cónyuge si no trabaja o si trabaja y percibe menos de 8.000 € al año. En estos casos, se pueden aportar 2.500 € a su favor.

Por último, también pueden realizar aportaciones a favor de personas con minusvalía siempre que sea minusvalía física de más de un 65% o psíquica de más de 33%, siempre que tengan hasta tercer grado de parentesco, pareja de hecho o sean tutores de los mismos. En estos casos el importe máximo a aportar será de 10.000 €.

Las personas con la minusvalía citada podrán realizarse aportaciones a sus planes de hasta 24.250 € año, por todos los conceptos, es decir, por las aportaciones que les hagan y por las que hagan ellos.

¿CUÁNDO Y CÓMO PUEDO RESCATAR MI PLAN DE PENSIONES?

Los planes de pensiones se pueden rescatar en los siguientes casos:

- Por jubilación.
- Por fallecimiento.
- Por invalidez.
- Por dependencia severa o gran dependencia.
- Por desempleo de larga duración. Más de un año en paro.
- Por enfermedad grave.

Como observarán, salvo por jubilación el resto de casos se supone un rescate que se producirá antes de la jubilación. A la hora de rescatar el plan de pensiones tienen que tener claro que lo pueden hacer de dos formas.

- **Rescate en forma de capital:** muy sencillo, rescata todo el dinero que tiene invertido hasta ese momento, de una sola vez. Si tiene 10.000 € los rescata de golpe. En este caso, tienen exento de tributar el 40%, es decir, tributan como rentas del trabajo el 60% restante, en este caso estaría exento 4.000 € y tributarían 6.000 €.

- **Rescate en forma de renta:** en este caso, lo rescatan poco a poco, si tienen esos 10.000 € lo pueden rescatar por ejemplo 200 € al mes, eso implicaría que estarían recibiendo esa cantidad durante 50 meses, es decir, cuatro años y dos meses. De esta forma, complementarían la pensión. Si deciden rescatarlo de esta forma, no tienen ninguna exención fiscal, y tributaría como rentas del trabajo.

- **Rescate mixto:** es una mezcla de las dos anteriores, rescatarían una parte en forma de capital y la otra en forma de renta. Usando el ejemplo anterior, podrían rescatar 5.000 € en forma de capital y los otros 5.000 € en forma de renta.

PRODUCTOS SIMILARES

- **Planes de Previsión Asegurados:** Son iguales que los planes de pensiones, pero en este caso deben asegurarnos una rentabilidad mínima.

- **Seguros de Vida Ahorro:** Pueden tener una garantía del tipo de interés o no y además sus aportaciones no disfrutan de ningún beneficio fiscal.

117

▸ **Planes Individuales de Ahorro Sistemático (PIAS):** similares a los seguros de vida ahorro, sin embargo, si a la hora del rescate se hace como una renta vitalicia, si han cumplido unos requisitos de antigüedad y aportaciones, sus rendimientos están exentos de tributar.

8.1.6. Deuda pública, privada, subordinada o depósitos convertibles

En este punto voy a comentarles por encima estos productos tan estupendos y tan rentables que en ocasiones les quieren colocar las entidades financieras. En ocasiones lo son.

▸ **Deuda pública:** Supongo que todos saben lo que son las emisiones de deuda que hace el estado, ya saben, letras del tesoro, bonos y obligaciones del estado. Esta deuda la emite el Estado para financiarse a corto, medio y largo plazo. Normalmente, la deuda pública no suele ser demasiado rentable, aunque la rentabilidad dependerá del estado que la emita. Si la deuda la emite un país solvente, como Alemania, su deuda se pagará a casi nada o incluso con rentabilidad negativa, si por el contrario, el estado que emite deuda es el Congo, su rentabilidad será muy superior, pero el riesgo es mayor. La deuda se paga en función del riesgo del Estado emisor. Si compramos deuda de un país con inestabilidad política y graves problemas de cohesión social y económica, lo que les puede pasar es que se queden sin un euro.

En su caso, les recomiendo comprar deuda pública Española o de algún país de la zona Euro, a ser posible, de las cinco primeras economías. Aún así yo, a día de hoy no compraría deuda de ningún estado a largo plazo, como mucho letras del tesoro a 18 meses y poco más.

▸ **Deuda privada:** Es exactamente igual, pero la emiten grandes empresas para financiarse, aunque tienen otros sistemas como las ampliaciones de capital y otras que no voy ni a comentar. Lo que tienen que tener claro es que la deuda tiene el riesgo de quien la emite. Si la deuda la emite una empresa no muy solvente, es posible que se queden mirando a Cuenca y sin un duro.

118

▸ **Deuda subordinada:** es un tipo de deuda, que han emitido algunas de las entidades rescatadas, para financiarse, algo similar a las preferentes. No es lo mismo, ya que la deuda pagaba unos cupones periódicos y tenía vencimiento, aún así, tenía el riesgo de las entidades que la emitieron y pasó lo que pasó, entidades rescatadas y los clientes con quitas en su deuda del 20% - 40%, un atraco a mano armada. También decirles que hay entidades solventes que emiten deuda subordinada con un plazo definido y no tienen problema ninguno, aún así, son productos que no me agradan en exceso, pero cada uno que haga lo que quiera.

▸ **Depósitos convertibles:** son como bien dice su descripción, unos depósitos que suelen dar una rentabilidad que se cobra periódicamente y llegado el momento cuando vence el depósito se convierten en acciones de la entidad que emitió el depósito a precio de mercado. Como pueden imaginar si la evolución del valor no ha sido la esperada, se podrían dar un susto a la hora de rescatar su dinero. Aunque siempre estará el listo de la clase que te dirá, no si mientras no vendas no pierdes, efectivamente ni pierdes ni puedes usar tu dinero.

8.1.7. La bolsa: esa desconocida

La bolsa es el mayor negocio del mundo, es el capitalismo en esencia pura y despiadada, lo digo porque la mayoría de personas que se adentran en ella sin un buen asesoramiento, salen escaldados, perdiendo buena parte del capital que pusieron o en el mejor de los casos teniendo que mantener su inversión durante muchos años para ver la rentabilidad de la misma.

Les voy a dar unas recomendaciones básicas si quieren entrar en bolsa. La primera, es que inviertan el dinero que no van a necesitar, no se les ocurra jugar con el pan de sus hijos, recuerden, sólo el dinero que no necesitan para su día a día. Si se aventuran a poner parte del dinero que tienen con la esperanza de dar un pelotazo y ganar unos cuantos miles de euros, les aseguro que les saldrá bien una vez o dos o tres, pero al final perderán mucho más de lo que han ganado. La bolsa es psicología en estado puro, se nutre de personas que desconocen su funcionamiento y que a primeras de cambio cuando ven pérdidas se acojonan y venden, perdiendo en ocasiones buena parte de lo invertido. Recuerden que los que ganan en bolsa lo hacen a costa de los que pierden.

Una vez sabido este tema, comentarles que con las acciones se puede ganar dinero de dos formas. La primera, es vía dividendos, es decir, compramos unas acciones de una empresa que reparte beneficios a sus accionistas dos veces al año y ese dividendo es de 0,15 € por acción, pues nada, se multiplica por el número de acciones y eso será lo que les ingresen. La otra forma, es cuando el valor que han comprado se revaloriza, por ejemplo, un euro por acción y venden, pues nada si tenen 1.000 acciones, ganarán 1.000 €, en este momento no existe retención por parte de hacienda pero si que hay que tributarlo en la declaración de la renta.

Estas son las dos maneras de ganar en bolsa, bueno, realmente hay muchas otras, pero no las voy a explicar. Lo que si les voy a decir es que cuando se compran o venden acciones, la entidad donde las compren les cobrará una comisión por la compra y otra por la venta. La comisión de compra hace que compren el valor algo más caro y la de venta que lo vendan algo más barato.

[Ejemplo]

‣ Compran 100 acciones a 10 € →
  1.000 € + 10 € de comisión = 1.010 € les cuesta la compra.

‣ Venden 100 acciones a 11 € →
  1.100 € -10 € de comisión = 1090 € reciben por la venta.

Estas comisiones, como todas se pueden negociar, de hecho si realizan sus comprar mediante una persona dedicada al tema, lo normal es que les ofrezcan una tarifa plana, con la cual, todas las operaciones les van a costar un fijo y nada más. Si por otro lado se lo quieren hacer ustedes mismos por internet, también podrán solicitar condiciones especiales para operar y que no les cobren por cada operación o que les cobren mucho menos, esto irá en función del número de operaciones y de los importes con los que trabajen.

No les digo nada más al respecto, si quieren manuales de bolsa hay como más de 1000, aunque háganme caso, no usen dinero que vayan a necesitar, tengan claro que compran y los dividendos que recibirán o la posible ganancia, aunque esto es casi, digo casi, imposible, pero si se puede estimar, póngale un horizonte temporal a su inversión, no estén viendo el cierre de la bolsa a diario, o se volverán locos, la bolsa hará lo mismo la vean ustedes o no y por último póngase en manos de personas expertas en el tema y no hagan caso de recomendaciones de cafetería, no acaban bien, casi nunca.

_09
¿QUÉ HA PASADO CON LAS CAJAS Y BANCOS EN ESPAÑA?

Les voy a comentar que ha pasado en este país con las cajas de ahorro principalmente y con algunos bancos.

Hace ya muchos años que la banca de este país quería eliminar a las cajas de ahorro, ya que, según ellos las cajas de ahorro, antes denominadas montes de piedad, les hacían una competencia desleal, ya que tributaban como fundaciones sin ánimo de lucro. Es cierto, que hace mas de cien años, cuando empezaron a operar las cajas de ahorro, su función era meramente social, por eso lo de Montes de Piedad. A estas fundaciones sin ánimo de lucro acudían muchas personas con problemas económicos y estas cajas colaboraban con su entorno social, siendo efectivamente fundaciones que velaban en cierta manera por el interés de sus convecinos.

Como pueden imaginar, las cajas empezaron a realizar el trabajo de los bancos, hasta convertirse en entidades que desempeñaban el mismo trabajo que ellos, es por esta razón, que los bancos se quejasen amárgamente, ya que ellos pagaban "religiosamente" sus impuestos como empresas con ánimo de lucro, como cualquier empresa, mientras que las cajas prácticamente no tributaban por ser fundaciones sin ánimo de lucro.

Así que, después de todo y como dice el refrán, a río revuelto, ganancia de pescadores. Los grandes bancos se han hecho con entidades financieras rescatadas a precio de saldo,

123

eso sí, el Gobierno les ha tenido que poner un montón de pasta para que las entidades rescatadas saneasen sus cuentas y con la excusa de que las han rescatado, cerrasen buena parte de su red de oficinas y echasen a la calle a muchos miles de empleados de banca. Es paradójico, ya que con los impuestos de las personas que han echado pagan parte del rescate del que han sido víctimas. Como ven, el negocio es redondo.

Primero hacemos mal las cosas, quebramos las cajas de ahorro, viene el estado y rescata estas entidades con dinero público, esto sirve de excusa para cerrar oficinas y echar a sus empleados, y luego se las vendemos a los grandes bancos al costo, saneadas y con un esquema de protección de activos, es decir, subvencionando el Estado las posibles pérdidas futuras durante un tiempo más que prudente. Lo que les he dicho, un negocio redondo.

9.1. ¿A qué se ha debido el rescate bancario?

El Estado ha tenido que rescatar a muchas cajas de ahorro y a algún banco debido a su mal funcionamiento, sobre todo en la época de bonanza económica. Esto ha ocurrido porque muchas de estas cajas y algún banco, se expusieron demasiado al sector inmobiliario, esto quiere decir, que invirtieron demasiados recursos en dar préstamos para la financiación de suelo, y posterior construcción de viviendas que luego, como hemos visto, o no se terminaban o directamente ni tan siquiera se iniciaban, y los bancos y cajas se quedaban con los solares sin edificar y con los préstamos de los mismos sin pagar.

Estas entidades, sentaban en sus consejos de administración a una buena parte de políticos que ni sabían de política y mucho menos de negocio bancario y así les fue, eso sí, ponerse sueldos de escándalo, dietas y planes de pensiones millonarios, eso sí que sabían, y no se equivoquen, todo esto consentido por los órganos de control de estas entidades y también por sus consejos de administración en pleno, que aparte de políticos también tenían representantes de los trabajadores que normalmente se callaban como putas, ya que ellos también pillaban algo.

Esta situación se consintió porque todo el mundo se lucraba con este negocio, las cajas y bancos prestaban el dinero y cobraban intereses, comisiones, y captaban clientes finales cuando se subrogaban a las hipotecas que tenía el promotor, consiguiendo unos niveles de crecimiento desproporcionados, cobrando sus directivos unas retribuciones variables ingentes.

9.2. Los responsables

Yo les diré cuales fueron los responsables de esta situación. Primero el Gobierno de turno, que no reguló ni quiso hacer ni puto caso a los informes que desde instituciones como el Banco de España, que ya decía desde el 2002, que la vivienda estaba sobrevalorada. Pero claro, como al jefe/a del Banco de España lo nombra el Gobierno de turno, pues eso, yo te pongo, no me jodas que te quito el chupe.

Los informes los hacen los funcionarios, que son personas infinitamente más preparadas que el Gobernador del Banco de España, pero que no están al frente del mismo. Esto ocurre cuando los jefes, puestos a dedo, mandan sobre personas cualificadas que se han ganado su plaza con sacrificio y esfuerzo, pero como esto no está muy bien visto en este país, pues es mejor poner al enchufado de turno, que teme perder el puesto que tan merecidamente le han dado a dedo.

Al no tomar medidas al respecto, el tema se desbordó, ya que había pasta para todos, los Ayuntamientos ingresaban más vía licencias de nuevas construcciones y posterior impuesto de bienes inmuebles, las Comunidades Autónomas, cobrando el impuesto de Trasmisiones Patrimoniales y de Actos Jurídicos que cada hipoteca pagaba, y por supuesto el Estado, ingresando vía IVA. Además sus amigos los banqueros, que cobraban suculentos bonus (retribución variable) por hacer préstamos a promotores, en ocasiones amigos, que al final no se cobraban, pero no pasaba nada, de hecho no ha pasado nada. Se intentó meter a uno de estos a la cárcel y duró dos días y el juez inhabilitado.

Estos han sido los grandes responsables, también podemos responsabilizar, en menor medida, a los jefecillos que también fomentaban estas prácticas (jefes territoriales y jefecillos de zona) y se las inculcaban a las oficinas bancarias que a su vez ofrecían al cliente final pagarles la casa, el coche y los muebles. En última instancia, el cliente, aunque en menor medida también era responsable de endeudarse en exceso, nadie puso una pistola en el pecho de nadie para firmar un préstamo, pero no nos equivoquemos, los culpables no son los clientes, tienen la parte de responsabilidad de sus actos individuales, pero el caldo de cultivo para que esto ocurriese lo pusieron el Gobierno, y las instituciones al no regular en ningún momento esta actividad inmobiliaria, que una vez más miraron para otro lado.

Todo esto fue antes de la genial idea de hacer un banco malo llamado Sareb y de meter gran parte del negocio inmobiliario malo, es decir, el que no se iba a cobrar, sobre todo de las entidades rescatadas. De esta forma se saneaban los balances de estas "bien gestionadas" entidades y aquí paz y después gloria.

Para que se hagan una idea, es como si su negocio familiar se hubiese endeudado demasiado y hubiese vendido su producto a unas personas que se supone que le iban a pagar. La diferencia con los bancos, es que si a usted no le pagan esas personas y usted a su vez no paga sus deudas, se ve arruinado, despidiendo a sus empleados y cerrando el negocio. A los bancos no les ocurre esto, es cierto que hechan a miles de trabajadores, cierran miles de sucursales, les rescatan y el dinero del rescate lo pagamos entre todos. A que mola, voy a ver que me piden para montar un banco, o en el peor de los casos un rollo tipo Fórum Filatélico, que como estafa, no va mal. Todavía no he visto a ningún banquero arruinado, pero por desgracia si he visto a muchos ciudadanos arruinarse y perderlo todo, alguno hasta la vida.

A pesar de eso, todavía hizo falta rescatar a buena parte de estas entidades con unos 40.000 millones de euros, cosa fina y además Europa no nos dejaba hacerlo a cuenta de la deuda, aunque la verdad, la otra opción era dejar caer a esa banca y creo que eso hubiese sido peor y seguramente más costoso.

126

Por último, pero no menos importantes están nuestros queridos y deseados, "agentes sociales", si señores y señoras, los Sindicatos. Estos agentes sociales se han dedicado a dos cosas primordialmente, una a calentar sillones en los consejos de administración de las grandes entidades rescatadas. En muchos casos votando a favor de subidas de salario drásticas de sus directivas, consumir tarjetas opacas y por último a mirar para otro lado cuando se despedazaba el sistema financiero español y a lo más que llegaban era a negociar unas condiciones de despido, o como llamaban ellos, bajas voluntarias.

9.3. Participaciones Preferentes: ese chollo

Estoy seguro que muchas de las personas que lean este manual han sido estafadas con lo que considero mayor atraco bancario en la historia reciente de la banca, al menos de los últimos 25 años.

Primero, decir que no todas las entidades son iguales y que el caso de la estafa de las preferentes venía condicionado por unas entidades que hace años estaban en la UCI financiera. He de decir que la gran banca de este país y algunas entidades pequeñas pero bien gestionadas no tienen nada que ver con esta estafa y sería injusto meterlas en el mismo saco.

El mayor problema con las preferentes lo han tenido los clientes de las dos entidades (BANKIA y CATALUNYA CAIXA) que han aglutinado la mayor parte del rescate bancario de este país.

Estas dos entidades, gestionadas por políticos y consejos de administración puestos a dedo, llegó un momento en el que no podían financiarse en ningún mercado, debido a que eran bombas a punto de estallar y esto lo sabían sus responsables y aún así dieron órdenes a sus redes comerciales de que había que "colocar" preferentes si, o también. Estas instrucciones se les daban a sus Territoriales y estos a sus zonas y estos a sus oficinas, que eran las que, como siempre, sacaban la basura como podían y se afanaban en vender esas preferentes, en ocasiones bajo amenazas y coacciones a sus empleados.

En estos momentos, el empleado de banca, de las entidades de referencia, se veía en la puta calle y le vendía preferentes a sus familiares, amigos y ellos mismos compraban, lo que no se imaginaban es que pudiesen llegan a perder una buena parte de la inversión. En cualquier caso, también debo decir que si la culpa de vender esta mierda de producto no fue de los empleados de banca, si es cierto, que pude ver prácticas muy poco éticas por parte de alguno de ellos. Les comento una como ejemplo.

Un director de oficina llegó a vender el producto a unas personas de avanzada edad, como si fuese un plazo fijo y además cogía las libretas de plazo e imprimía la compra en ellas para que los ancianos viesen que efectivamente era un plazo. Esto no era generalizado, pero si que lo pude observar en más de una oficina. Y lo cojonudo de esto es que estos empleados eran puestos de ejemplo de trabajo bien hecho y de compromiso con la entidad.

Yo puedo decir bien alto que NO vendí ni un euro de preferentes a nadie, consideraba que no era un producto adecuado y que si yo no lo quería para mí o mi familia, tampoco debía "colocárselo" a un cliente y mucho menos a personas de avanzada edad que no sabían de lo que les estabas hablando. Así me fue, pero cuando te liberas del miedo a perder tu trabajo , lo ves todo más claro y supongo que en ese momento deje de tener miedo y vi la luz. Hoy puedo pasear por mi ciudad y no me tengo que cambiar de acera ni por las preferentes ni por ninguna otra cosa, y eso es algo que nadie te puede pagar, forma parte de la condición de cada uno. No se equivoquen no soy un santo, sólo apliqué el sentido común.

Lo lamentable de esta estafa, es que a estas entidades se les ha rescatado con dinero público y que todavía hay mucha gente que no ha recuperado su dinero, en algunos casos dinero que iban a usar para tener una jubilación tranquila, algunos de ellos ya están realmente tranquilos (RIP) y sus herederos con suerte recuperaran algo de su dinero. Lamentable pero cierto.

128

9.4. ¿Cómo se podía haber minimizado la crisis?

Ustedes dirán que a toro pasado es muy fácil decir esto, pero el que me conoce sabe que ya lo estoy diciendo muchos años. Fíjense, simplemente con haber limitado la financiación de viviendas al 80% del valor real de la vivienda, nos habríamos evitado muchísimos impagos, esta misma regla usada a casi cualquier tipo de financiación inmobiliaria, solares, terrenos, viviendas etc., hubiese evitado que quien no tenía esa capacidad económica hubiese optado por otras opciones como el alquiler, los promotores que no hubiesen puesto dinero para comprar el suelo y realizar posteriormente sus promociones tampoco se les hubiese financiado, habríamos reducido la burbuja inmobiliaria a la mitad, lo que no era normal es que se metiese a promotor hasta el apuntador y como no había que poner un duro, pues eso, ancha es castilla.

La otra sencilla medida, hubiese sido homogeneizar los valores que daban las tasadoras, yo vi como una vivienda según que tasadora realizase la tasación había una variación del 40% entre ellas, esto es una barbaridad, sabida por todos y que en ningún momento se planteó homogeneizar, no permitiendo variaciones superiores al 10% en los valores de las tasadoras.

Ahora saldrá algún neo liberal diciendo que eso es intervenir el mercado y toda esa mierda, pues sí, el mercado no hay que intervenirlo, pero si hay que regularlo, que yo sepa las personas somos más inteligentes que los mercados y si los dejamos a su libre albedrío pasa lo que ha pasado. Pero esto no va a ser nada con la próxima crisis, esta vendrá de los mercados secundarios, la bolsa, para entendernos, no voy a explayarme, pero en unos años, veremos un crack bursátil que afectará a todos los sectores, y si no al tiempo.

129

_10
CORTO Y CIERRO: CONCLU-SIONES DE UN PROFANO

No se si habré conseguido arrojar algo de luz sobre el funcionamiento de una oficina bancaria y sobre los productos que habitualmente consumimos el 90% de los mortales, este ha sido mi propósito y espero haberlo conseguido.

En ningún caso he querido demonizar al sistema bancario ni mucho menos, la banca es un negocio con miles de años de funcionamiento y si no existiese simplemente tendríamos que crearlo, ya que ha sido parte de la base del progreso de los últimos 200 años.

Ahora bien, lo que sí creo que podemos mejorar todos es en el conocimiento de cómo funcionan las cosas en banca, al menos a nivel de oficina. Tenemos que pensar que los bancos nos proporcionan unos servicios y que hay que pagar por ellos, no vale esa idea que a veces nos ronda por la cabeza que el banco ya gana con tener nuestro dinero en la cuenta y ya tienen bastante.

Por parte de la banca deberían ser algo más trasparentes en las operaciones con sus clientes, pero no nos engañemos, quien nos vende o nos explica el producto es un empleado de banca y está en su mano hacerlo de forma honesta y responsable. El problema que tiene el empleado de banca es que normalmente tienen el aliento del jefe en su cogote y quieren resultados para ayer, esta presión es brutal y no todo el mundo puede soportarla, esto hace que en algunas ocasiones se hagan las cosas más rápido de la cuenta y no de la mejor forma, ya que si no se hacen, simplemente te destituyen de tu puesto, con la merma correspondiente en el sueldo, te trasladan a tomar por culo de tu casa o simplemente te echan a la calle por como dicen ellos no estar comprometido con la entidad. Créanme es muy duro y complicado estar hoy en banca. Por supuesto que esto irá por barrios, pero en general es así.

Los clientes deben tener claro que el empleado de banca no es una persona que está ahí para joderlos y cobrarles por todo, ellos no ponen las reglas, se las ponen y ellos simplemente las cumplen por la cuenta que les trae.

Por último, decirles que antes de contratar nada con su entidad, por favor, pregunten las veces que sea necesario, lean los contratos, ya sé que son un peñazo, pero si lo hacen es posible que se eviten muchos problemas y si no lo tienen claro busquen asesoramiento externo a la entidad, es preferible pagar 50 € para que un asesor independiente les diga si lo que van a firmar es correcto o no, antes de firmarlo sin saber lo que se firma.

Bueno poco más, espero que después de leer este manual tengan las cosas un poco más claras y les ayude a tomas sus decisiones financieras.

Anexo

ANEXO:

DOCUMENTACIÓN A APORTAR PARA SOLICITAR UN PRÉSTAMO HIPOTECARIO O PERSONAL

- Tres últimas nóminas.
- Declaración de la renta.
- Vida Laboral
- Contrato de trabajo
- Si son autónomos, el pago del último recibo de autónomo y la declaración de la renta. Si pagan módulos, el justificante.
- Extractos de las cuentas dónde se reciban los ingresos (3-6 meses)
- Copia del último recibo de los préstamos que ya tengan. Si tienen más préstamos.
- Si tienen alquileres, el contrato de arrendamiento.
- En definitiva cualquier documento que demuestre sus ingresos, del tipo que sean.
- Si es para una vivienda, necesitan la nota simple o la copia simple de la escritura.
- Si han firmado un contrato y han dado una señal, copia del mismo.
- Si es un préstamo personal necesitarán una factura pro forma del bien que quieren comprar.
- Si están divorciados, es necesaria la sentencia de separación.
- Firmar la CIRBE (Central de Información de Riesgos del Banco de España) la solicitud de financiación y la solicitud para realizar la tasación. Estos últimos documentos se los facilitará la entidad financiera.

Estos son los documentos esenciales para solicitar un préstamo personal o hipotecario. Se puede añadir alguno más, pero en principio con estos va bien. En cualquier caso será la entidad la que les diga si les hace falta algo más, aunque si llevan esta documentación les aseguro que ya tienen mucho tiempo ganado.